TU OSCURIDAD

Dos vidas, dos mundos, un destino.

JUSAGNY DIAZ

TU OSCURIDAD
Dos vidas, dos mundos, un destino.

Jusagny Diaz

DEDICATORIA

Desde que era pequeña tenía la inquietud de escribir un libro, recuerdo que dentro de mis metas de fin de año estaban: subirme en un helicóptero, saltar en paracaídas, viajar a Disney, entre otras. Hoy en día parte de esos sueños ya los he concretado, siendo ésta obra uno de ellos.

Dicha historia es una realidad en donde se vieron involucrados esos personajes que se relatan en la misma. Estoy segura que existirán más personas con características similares, por ello dedico este libro a todas aquellas que estén viviendo lo aquí relatado, esperando que sirva de guía a nivel individual, parejas, familias, padres, hijos, entre otros.

Pero muy especialmente le dedico ésta satisfacción a mi hijo, quien desde que llego a mi vida la transformo en todos los aspectos, a ti JP, que día a día me enseñas a ser mejor persona y mamá, sólo deseo hacerte feliz y que crezcas con todas aquellas herramientas que te permitan ser un hombre de bien.

Te Amo Hijo.

SOY SOPHIA, ÉSTA ES MI HISTORIA.

Sophia es la hija menor de dos hermanos, proveniente de padres humildes pero muy familiares, que han mantenido un matrimonio por más de 40 años, ellos no poseen estudios más allá de la primaria, sin embargo, con esfuerzo y sacrificio han sacado un hogar adelante, es una familia donde la cotidianidad forma parte de su día a día, no existiendo los aspectos éticos a la hora de comer, no dejándose llevar por los patrones de etiqueta social, el qué dirá la sociedad si hacemos esto o lo otro, una familia donde los valores están muy arraigados, le han dado a sus hijos libertad para la toma de decisiones, hacerse responsables de sus errores y reconocer los logros cuando se obtienen con esfuerzo.

El padre (Francisco), una persona que se puede caracterizar como tranquilo de carácter, orientado a escuchar, analizar para luego explicar, cuyas palabras enseñan más que un golpe, un hombre trabajador que ha procurado dar a su hogar una estabilidad más allá de lo económico, siempre han contado con una vivienda propia, ingresos productos de su negocio, que le han permitido brindar a su familia espacios para realizar actividades de distracción, viajes, y satisfacción.

La madre (Alejandra), trabajadora del sector público, hoy en día jubilada, con un carácter fuerte, independiente tanto en decisiones como en el ámbito económico, cuando se traza un objetivo busca alcanzarlo, siempre positiva, se caracteriza por ser una persona muy sociable, siendo esta una habilidad que le ha permitido conocer a muchas personas. Hasta cierto punto es sobreprotectora, sobre todo con Sophia. Sólo en situaciones extremas puede ser impulsiva.

Josefin, es la hermana mayor de Sophia, llevándole 10 años de diferencia, es una persona muy sociable, carismática, comunicativa, aprovechando las oportunidades donde las ve, siempre ha sido orientada a la gente, tiene muchos amigos, lo que le han permitido tener un ambiente amplio en relaciones, incondicional con sus padres y hermanos, muy apegada a la familia pero a su vez controladora y algunas veces impositiva. Para los actuales momentos ella está separada, tienes dos hijas (Caroline de 28 y Stephany de 26 años), quienes son las confidentes de Sophia.

También está Alex, es el segundo en la cadena de hermanos, él le lleva 9 años a Sophia, tiende a ser una persona tímida, introvertida, poco comunicativo, pero muy seguro de sí mismo, en ciertos aspectos independiente, buscando tomar sus decisiones muchas veces sin consultar a su núcleo familiar. Para la fecha, vive con su esposa Yuliana con quien tiene tres hijos.

Ésta familia vivió gran parte de su vida en la Capital del País al cual pertenecen, la vivienda, un apartamento de 75mts, ubicado en el 4to piso de un edificio en una zona popular de la Ciudad. Ese fue el contexto en el cual se crió Sophia, quien desde que nació se convirtió en el foco de atención. Durante sus primeros años de infancia pudo crecer en compañía de sus hermanos, sobre todo cerca de Alex, quien le enseñó a jugar baseball, básquet, a volar papalotes, juegos pocos femeninos para una niña pero divertidos al fin. Mientras los padres trabajaban, eran Alex y Josefin quienes se encargaban de proteger a Sophia más o menos hasta los 5 años, momento en el que ingresa al kínder, en el horario de la tarde y años más tarde en una escuela pública, ubicada cerca del lugar donde vivían.

Los años de primaria de Sophia fueron gratos, era una niña inteligente, ocupando lugares importantes en las diversas actividades de la escuela. Muy imaginativa, cuando estaba en su cuarto siempre soñaba con tener un mundo formado por su propia familia. Soñadora con hacer las cosas de forma adecuada, es decir, siempre con ser una profesional, casarse, tener un hogar estable y duradero como el ejemplo que vio en sus padres, donde sus hijos tuviesen un hogar seguro, libre y con mucha paz.

En el colegio era la alumna predilecta de sus maestras, por sus notas y su recto comportamiento, sus amigas eran sólo tres, a Sophia le costaba integrarse a los grupos, pero sin embargo, buscaba agradar a todos con sus acciones, compartía su merienda, colaboraba haciendo las tareas de sus compañeros, a veces aceptaba hacer cosas como deportes, o juegos aunque estos no le gustaran, con tal de agradar al grupo y no ser rechazada, así fue incorporándose poco a poco a las demás personas, lo que le permitió ser elegida en dos oportunidades reina del salón, así como formar parte de la patrulla de valores.

Durante esta época, Josefin y Alex, deciden crear su propio núcleo familiar, separándose del hogar, algo que le impactó mucho a ella porque sucedió de forma súbita, lo que hace que a partir de ese momento Sophia viva sola con sus padres, no creciendo con sus hermanos de forma directa.

Desde pequeña, sus amigos eran muy reducidos, y aún sigue siendo así, se focalizó en estudiar y alcanzar sus objetivos, teniendo una relación distante con el sexo masculino, producto de la sobreprotección por parte de los padres y de la inseguridad que poco a poco fue creciendo en ella, poco asistía a fiesta, nunca estaba sola, cuando hacían actividades infantiles en el edificio donde vivía, iba eventualmente ya que sus padres le limitaban estas actividades, indecisa e insegura a la hora de tomar decisiones, o de manifestar sus argumentos, su punto de vista por temor a equivocarse o que le llamaran la atención, había una autoestima baja, aunque no se proyectaba ante los demás.

Los años posteriores fueron de más confianza, ya inicia su etapa de adolescente, un entorno diferente, con más independencia para actuar, decidir, sin perder el norte de sus estudios y de las cosas que quería lograr en el futuro. En esa época se dio cuenta que era una persona muy hábil para crear, imaginar, resolver situaciones sobre todo bajo presión, dar respuestas rápidas, las limitantes no eran un factor para frenar sus metas, pero igual seguía con un círculo de amigos reducidos.

Personalmente muy desordenada en su hogar, en una oportunidad Alejandra le comenta que el desorden podía llevarla al divorcio si se conseguía a un hombre ordenado, palabras sabias que hoy en día retumban en la cabeza de Sophia. A pesar de ese desorden, en sus actividades y estudio era exigente en que sus resultados fuesen los más exitosos posibles, sin llegar a ser perfeccionista, muy puntual en sus cosas, con buen manejo del tiempo, producto de lo que veía en el hogar, para ella el factor tiempo siempre ha sido importante, la necesidad de aprovecharlo al máximo; la impuntualidad, tardanza, retrasos de otras personas, no tenían para ella excusas válidas.

Sophia seguía ayudando de forma desinteresada a las demás personas, muchas veces a sacrificio propio con tal de complacer o que los demás también saliesen airosos de alguna situación. Siempre fue así, el egoísmo no ha existido en ella.

Durante sus últimos años de estudio antes de ingresar a la Universidad, aprovechó de hacer cosas que quizás otras personas a su edad ya tenían tiempo haciéndolas, como ir al cine sin compañía de sus padres, asistir a fiestas, reuniones de amigos, pasear, divertirse y explorar el mundo de un adolescente. Es así como comienza a tener más herramientas para decidir.

Esa época estudiantil dio ciertos pilares para buscar la profesión que quería, siempre le gustaron los animales y pensó en desarrollarse en esa área, sin mucho análisis y considerando las cosas que le gustaban, toma la decisión de estudiar Ingeniería Agroindustrial en otra Ciudad, éste sería el verdadero reto para ella, a los 17 años, asumir un rumbo que nunca antes había explorado, teniendo el control de su vida, cuyas consecuencias seria producto de sus decisiones.

En ella esto se convertiría en una meta, inicia en la Universidad y durante un año vivió sola en una residencia, tratando de ocupar su tiempo libre en múltiples actividades, considerando que es una persona muy activa, se incorporó a realizar deportes como Tae Kom Do, Judo, fue voluntaria en el cuidado de animales dentro de la Facultad en la que estudiaba, conociendo así diversos tipos de personas, ya que debido a la carrera que estudiaba, la mayoría de sus compañeros eran hombres, mucho de ellos con muy buena posición económica. Durante su tiempo de estudio ellos fueron un gran apoyo, no la dejaban nunca sola. Fue un tiempo de crecimiento para Sophia, ya que tuvo la oportunidad de actuar, decidir sin perder el norte de lo que quería, siempre recordando los valores familiares entre esos el foco en los estudios.

No se sabe si fue el destino o designios de Dios, pero el sueño que Sophia quiso no pudo concluirlo, debido a una lesión en las rodillas producto del deporte, ambas piernas estuvieron enyesadas por muchos meses, lo que implicó el abandono de la carrera, hoy en día Sophia lo ve como una experiencia de vida, pero en su momento lo vivió como un fracaso.

- No logré lo que quería, retrocedo a mi núcleo familiar una vez logrado cierta independencia. Se sintió decepcionada de sí misma por primera vez…

Efectivamente retorna con sus padres a su hogar y debe reorientar nuevamente su vida, ya no era una adolescente independiente y libre, vuelve a los brazos de mamá.

Considerando que el aspecto académico era importante para ella, su familia influyó mucho en que estudiara y creció con esa necesidad de prepararse, surgiendo en Sophia una serie de interrogantes:

¿Ahora qué hacer? ¿Qué estudiar, si nada me gusta? ¿Dejé la mejor universidad y perdí esa oportunidad?

Sin embargo, nunca falta un camino o una luz que indique qué hacer, justo en ese momento de angustia, de un futuro incierto, Josefin le comenta que estudie en el mismo sitio que ella estudia, le informó sobre las oportunidades, ventajas de tener una carrera técnica, cercanía del hogar, pero ella solo se preguntaba ¿otra vez bajo la protección de mis padres?.

Siguiendo los consejos de Josefin, decide estudiar Relaciones Industriales, más que por motivación o vocación, por obtener un título. Pero aún con la inquietud del fracaso anterior. Es allí donde inicia un nuevo norte que le dio las pautas para ser quien es hoy en día. Comienza a estudiar y a la par obtiene su primer empleo, gracias a Francisco que vio esa oportunidad en prensa y la motiva a incorporarse en el mercado laboral para que obtenga sus propios ingresos comenzando a adquirir otras experiencias.

Es así donde distribuye su espacio entre los estudios y el trabajo, siendo su primer empleo como cajera en una famosa red de hipermercados que estaba llegando a la ciudad. A pesar de mantenerse activa, le hacía falta algo, explorar el aspecto afectivo, tener una pareja y vivir las emociones, ilusiones y experiencias de cualquier persona a su edad. Sin embargo, se limitaba mucho a eso, hoy en día piensa que como producto de los tabúes que existían en la familia o esa sobreprotección por parte de Alejandra quien siempre se ahogaba en su propio miedo, que Sophia no se graduara por tener distracciones.

Durante esos tres años de carrera, se dedica a estudiar, trabajar, hacer diversos cursos, pensando en su futuro así como en un plan de vida que aunque siempre soñó con su propia familia, el aspecto académico y laboral empezó a tomar más importancia, desplazando esa ilusión a un segundo plano.

Sophia siempre fue una persona estable laboralmente, en su primer empleo duró 2 años pero a razón de ajuste de horario decide retirarse encontrando prontamente otra oportunidad, es en ese lugar donde conoce a la persona que cubriría sus primeras ilusiones. Frank, un hombre atractivo, alto, con un tono de voz fuerte y que hacía sentir segura a cualquier persona que estuviera a su lado como el príncipe soñado, era un Ingeniero, proveniente de una familia con cierto estatus social, estable laboralmente y económicamente, con una diferencia de edad de 10 años en relación con Sophia.

Fue una época igual de aprendizaje, pero empezaron a surgir en Sophia esos sentimientos de inseguridad y miedos, de culpa por estar en una relación sin consentimiento de su familia, las noches se hacían eternas solo pensando en que estaba haciendo mal saliendo con una persona si ella haberse graduado previamente, todos esos pensamientos y lo que sentía no permitiendo que la relación fluyera, inconscientemente pensaba que si establecía con Frank un noviazgo eso sería mal visto por su entorno familiar ya que no habría cumplido con el patrón de estudiar para luego enamorarse. Cayendo en el cruel e injusto dicho de qué va a pensar la sociedad. Hoy en día él se encuentra viviendo en México.

Sophia, luego de haber estudiado su carrera a nivel técnico, de haber limitado una relación con una persona que tenía ciertas características para un futuro aparentemente próspero se da cuenta que le hace falta algo más a nivel de entendimiento de las personas, dada su necesidad de indagar, curiosear y de explorar, siente que su actual carrera no la llena, viendo en la Psicología la oportunidad para darle la claridad que necesita en muchas cosas, así como para crecer personal y profesionalmente.

Realiza todos los trámites para iniciar esa carrera en una universidad privada con un excelente estatus académico, iban a ser 5 años de estudios intensivos ya que el horario implicaba estar todo el día dentro del campus, limitando su posibilidad de trabajar o realizar otras actividades en paralelo. Comienza su primer año, con muchos tropiezos por el nivel de exigencia, el tiempo se le consumía en estudiar día tras día, si en condiciones habituales tenía un circulo reducido de amigos, allí se intensificó más, sin embargo, al poco tiempo se integra a un grupo de compañeros de estudios, entre ellos Isabella, siendo una de sus grandes amigas actuales a pesar de la distancia física que existe entre ellas.

Eran un grupo integrado, buscaban compartir espacios de distracción en aquellos momentos que se podía, siendo un apoyo en conjunto. Durante ese año, Sophia inicia con sus interrogantes: - es una carrera larga, exigente en horario y tiempo, ¿cuándo me incorporaré a trabajar?, ¿si ya tengo una carrera, podría ejercerla y estudiar a la par si mi horario fuese más flexible?. Es así como empieza a indagar otras opciones para el estudio, y ve la posibilidad de continuar su carrera en la misma Universidad a la que había renunciado años atrás, pero ahora en una sede más cercana a su hogar.

Después de realizar los trámites correspondientes, logra ingresar, pero a mediados de año, lo que implicó que por 6 meses tuvo que estudiar en ambas universidades, mientras culminaba el año en la anterior a fin de no perder lo logrado durante ese tiempo, siendo esto un ritmo agotador para Sophia dado el nivel de exigencias de ambas casas de estudios.

A los pocos meses, logra consolidar su horario quedándose en una sola Universidad, durante esos años de estudio, otra vez distribuyó su tiempo en hacer cursos, trabajar inclusive en dos lugares en turnos diferentes, adquirir su primera experiencia ya como Psicólogo, alcanzando así una de sus principales metas, como lo es tener un título universitario, cumpliendo así como esas premisas que le fueron inculcadas en su infancia, donde lo prioritario era graduarse, requisito indispensable para luego pensar en otras cosas…. fue lo que reforzaron en ella desde pequeña, como no tener eso presente día y noche… Se puede decir el que ritmo de vida de Sophia se basó en estudiar y trabajar pero bajo una presión que ella misma se imponía.

Luego de dos años de graduada ingresa a una prestigiosa Consultora en Recursos Humanos, al principio Sophia no fue valorada dentro de la organización, todos lo que laboraban allí pertenecían a un alto estatus social y económico, considerando que Sophia provenía de una familia humilde, en algunas oportunidades no se le invitaba a las reuniones o las funciones que se le asignaban, eran muy básicas. A pesar de eso, decidió continuar por un tiempo más ya que debido al tipo de empresa la experiencia que podía obtener allí era indescriptible.

Así pasaron los meses y poco a poco se fue ganando la confianza y el respeto tanto de los jefes como de los compañeros de trabajo, demostrando que el profesionalismo va más allá del lugar de nacimiento o el estatus social que se posea. En esa actividad laboral logra conocer a muchas personas, inclusive tuvo la oportunidad de viajar a diversa partes del país debido a las responsabilidades que asumió al tiempo.

Ya obteniendo experiencia en su campo, posicionándose dentro de la empresa y logrando obtener los resultados más altos en el cumplimiento de objetivos, Sophia se da cuenta que la zona en la cual vive no era lo que ella quería para su futuro, sin pensarlo mucho toma la decisión de mudarse de ciudad, a casi 3 horas de la capital, así comienza a indagar sobre opciones de trabajo y vivienda.

Aún formaba parte de la empresa consultora, para su sorpresa, ésta posee una sucursal y justo al decidir irse de la misma, se presenta una vacante en la nueva ciudad. Se traslada con la esperanza de un futuro mejor, ya ocupando uno de los más altos cargos dentro de la misma, teniendo bajo su responsabilidad coordinar todas las oficinas comerciales del país. El jefe que en un momento no la valoró, ahora le confía una de sus áreas de negocio, siendo la representante de la empresa a nivel nacional. Así ha sido la vida de Sophia, demostrar con hechos y con el tiempo lo valiosa que es.

Una vez en la nueva ciudad en la que establecería el resto de su vida, los primeros meses los vivió en casa de un familiar, mientras ella busca estabilizarse, sin embargo, Francisco y Alejandra deciden vender su apartamento y compran una vivienda en la ciudad donde vive Sophia, lo que implica que ella retorna nuevamente con sus padres pero en una nueva casa, ¿lo harían por amor o por sobreprotección?....

Fue un cambio para todos, de vivir en una zona popular, pasan a una urbanización exclusiva, de excelente ubicación, casa de 2 pisos, 5 habitaciones, 4 baños, un hermoso y grandísimo corredor, con una cocina cuyos rayos de sol iluminan los espacios. Siendo este contexto propicio para una mejor calidad de vida, fuera de la tensión de la capital. Un mundo totalmente distinto, con muchas oportunidades.

Su nuevo cargo lo asume en las áreas comerciales de la empresa la cual estaba ubicada en el mejor sitio de la ciudad, en donde convive con la alta sociedad. La oficina posee un ventanal muy amplio, que le permite ver gran parte de la misma inclusive las nuevas edificaciones que allí se estaban construyendo. En una de esas miradas por la ventana Sophia piensa - sería maravilloso vivir en algunos de esos edificios. Cosa que pensaba eventualmente cuando se disponía ver para relajarse.

Explorando esa nueva ciudad, contando con mayor tiempo para hacer otras cosas, a Sophia le surge la inquietud de dar clases a nivel universitario. Y es allí y esa nueva Ciudad donde se desarrollaría la otra mitad de la vida de Sophia, todo lleno de oportunidades para ella o de un destino inesperado......

JESÚS, ÉSTA ES MI VIDA.

Jesús, el hijo mayor, creció en la ciudad donde actualmente vive Sophia, en una casa inmensamente grande, ubicada en una excelente zona, en su hogar se pueden apreciar vajillas y cubiertos bañados de oro, algo inesperado para la época y para el tipo de país, con un mobiliario colonial, cristalería costosa, parte de las paredes internas son de piedra, en las diferentes habitaciones se podían observar muchas imágenes alusivas a Jesucristo, en la entrada, un Cristo enorme. La vivienda dispone de dos salas donde se pueden apreciar tres biblias ubicadas en diversos lugares, dos cuadros de la santa cena, un escapulario de inmensas dimensiones en el estudio, solo por mencionar solo algunas cosas.

La familia está compuesta por la madre (Amapola), divorciada, después de muchos años de matrimonio, considerados por ella como frustrantes y de amargura motivados a las infidelidades. Ella es una persona que muestra carácter fuerte, limitante en sus relaciones, celosa con sus hijos sobre todo con Jesús. Amapola vivió una vida de mucha escasez en su niñez.

Nace en un pueblo muy lejos de la ciudad donde no contaba con mayores recursos para subsistir, lo cual la llevó a buscar maneras de salir de ese mundo, se casa muy joven con un hombre prometedor, nacido en la capital, un profesional en su campo de trabajo e inversionista, lo que le permitió tener una muy buena posición en su momento, eso le dio apertura a Amapola para involucrarse con la alta sociedad de la ciudad, participar en reuniones sociales, conocer personalidades importantes, reconocidas, focalizándose a demostrar ante los demás poseer un hogar perfecto y armónico, teniendo lo que nunca había tenido, un mundo rodeado de opulencia, fiestas, siendo clave la etiqueta, el formalismo, el estatus, dándole importancia a la imagen frente a la sociedad. En esas reuniones era clave la forma de comer, vestirse, los modales y los negocios.

Darío, es el padre de Jesús, involucrado en un mundo de negocios y reconocido en la alta sociedad, lleva una vida llena de eventos, recepciones, esto le permite conocer a muchas personas, así como damas que empezaron a ser atractivas para él, lo que hace que caiga en la tentación de unas piernas bonitas e infidelidades en varios años a lo largo de su matrimonio. Un importante empresario, cuya estabilidad laboral y rentabilidad económica, le permitió brindar a su familia todos los lujos que ellos querían.

Jesús tiene dos hermanas, Nelly y Nadia, con poca diferencia de edad cada una.

Nelly es la hermana menor, ella se caracteriza por ser una persona conversadora, se muestra ante el mundo muy amigable, sociable, proyectando mucha educación frente a los demás. Graduada en el área de leyes.

Ella tiende a ser una persona atenta con su entorno cercano siendo muy apegada a Jesús, se puede decir que controladora, asumiendo en muchos casos el rol de madre y de jefe de hogar. Posee una fijación incontrolable por la limpieza y el orden, sus fines de semanas o momentos que puede tener para relajarse los emplea haciendo el aseo tanto en su casa como en aquello que lo requiera.

Igualmente muestra conductas de sobreprotección ante las figuras masculinas, busca resolverles todos los problemas, asumir los gastos que éstos tengan, pero sobre todo justificar cualquier tipo de conducta de Jesús sin ser objetiva ante la realidad. Nelly tiene 32 años, nunca ha tenido una pareja ni demuestra interés por formar su propio hogar.

Nadia, la otra hermana casi de la misma edad, ocupa la segunda posición entre sus hermanos, ella es igualmente apegada a su hogar pero no mostrando la dependencia de los demás, procura ampliar más su círculo de amigos, eventualmente se da espacios para la distracción fuera de su familia, sin embargo, al igual que Nelly, no tiene una pareja ni proyecta tener una, ni menos el tener hijos. Su vida se circunscribe en trabajar, realizar compras de productos, ropa, calzados y accesorios de marcas renombradas, para ella la imagen y lo que piensen los demás sobre lo que usa es importante, demostrando que aún posee estatus social, con excelente posición económica, al vestirse con ropa lujosa a fin de aparentar lo que ya no existe.

Jesús, hasta la adolescencia creció viviendo en un mundo de dinero, siendo sus amistades los hijos de los más poderosos empresarios de la zona, su vida se enmarcaba en actividades sociales, visita a los clubes, acostumbrado a las reuniones elitescas que se desarrollaban en su casa. Estudió su primaria en un colegio público, sin embargo al culminar esta etapa ingresa en uno de los mejores institutos de la ciudad, el cual era considerado de alto nivel académico, a su vez formaba parte del programa de estudio internacional.

Allí enfatizó aún más sus relaciones, fue una época donde se sentía libre ya que sus padres estaban ocupados en sus distintos roles sociales, no generando hacia sus hijos manifestaciones de afecto, lo importante era el dinero, mantener la posición social y cubrir todas las necesidades de ellos.

A Jesús lo complacían en todos sus caprichos, no demostrándole lo importante del agradecimiento ni de esforzarse para obtener las cosas. Al salir del instituto luego de cinco años de formación, comienza a pensar qué estudiar, es allí donde inicia su búsqueda, en un principio se orienta a la medicina sin embargo ese interés duró poco, luego comienza con la ingeniera en sistemas, se inscribe en la Universidad más prestigiosa de la zona, se seguía manteniendo en un círculo de amigos opulentos. Para la época, Darío le compra una camioneta de último modelo, lo que le permite a Jesús, sentir esa libertad que da el tener su propio vehículo.

Él no estaba enfocado en el estudio, sino más bien en la diversión y el deporte, por lo que sus calificaciones y rendimiento hicieron que egresara de dicha universidad ya que no cubría con los parámetros que establecía la misma, ya que ellos forman gente de excelencia y son muy rigurosos con los promedios de sus estudiantes. Es así como se retira sin culminar y luego de muchos intentos, sus padres comienzan a movilizar sus influencias, y es así como logra entrar en otra universidad a estudiar ingeniera en producción, sin embargo, aquí el ritmo social fue disminuyendo por situaciones que sucedieron en su núcleo de hogar.

Justo en esa época, Darío decide hacer diversos negocios e inversiones, lo que en un principio fue rentable al poco tiempo lo llevó al debacle económico total, eso trajo como consecuencia que ese mundo de opulencia desapareciera.

A partir de allí la dinámica de Jesús da un giro. Amapola descubre las infidelidades de Darío, los ingresos desaparecen así como sus negocios, quedando a la deriva. Esa situación perturba a Amapola, la lleva a rememorar su niñez, la escasez que vivió en su infancia algo que no quería volver a vivir, ni quería que sus hijos pasaran por eso, adicional a esto la frustración. Se hacen más evidentes los conflictos dentro de la familia.

Sin ingresos por parte de Darío, le toca a Amapola asumir el control, trabajar en lo que pudiese, algo que también hacen las hijas. Sin embargo, aunque Jesús vive en ese contexto no se involucra en las actividades de la familia, no generando ningún tipo de aporte. Él sigue viviendo su vida de opulencia con sus amigos de la adolescencia. Tanto Amapola como Nelly, enmascaran sus necesidades, generando gastos para aparentar que aún continuaban con estabilidad económica. Ya que la imagen ante los demás no podía caerse.

Después de tantas cosas pasadas en tan corto tiempo, Amapola toma dos decisiones claves en su vida, separarse de Darío, siendo éste un hecho que le impactaría socialmente ya que una mujer divorciada no formaba parte de su concepción, ni en su mundo de sociedad. La otra decisión, fue iniciar una carrera profesional estudiando leyes. Carrera que alcanzó con esfuerzo y sacrificio ya que le tocó trabajar y estudiar al mismo tiempo, logrando incorporarse como abogado en la corte, siendo una figura pública reconocida por su gestión como asesor.

Durante el resto de los años, Jesús era la única figura masculina del hogar, sin embargo, Nelly es la que empieza a asumir el rol de proveedor económico junto con Amapola. Eso de alguna manera hizo que él creciera en un hogar donde las mujeres eran quienes llevaban el rol, asumían las responsabilidades no teniendo él ninguna.

Ese es el núcleo en el que se crió Jesús, es un mundo de sobreprotección, donde la imagen es más importante que lo que se presente realmente, las emociones están relegadas al exterior y sólo pueden demostrarse dentro de la propia familia, en el cual se realza la creencia en Dios sin embargo, dicha fe puede ser desenmascarada. La vida de Jesús se desarrolló en ese ámbito, desde pequeño se le complació en todo lo que quiso, estudió en uno de los mejores colegios de la ciudad, siendo su adolescencia su mejor etapa, era el popular en su zona, por su personalidad pero también por su estatus económico, siendo amigo de los hijos de empresarios, políticos y figuras de envergadura. Caso contrario a Sophia.

Jesús, fue deportista en esa época estudiantil, sin embargo, cuando sus padres se separan se cae su mundo, ya que para él el padre era su pilar hasta que se da cuenta que sus conductas debilitaron esa imagen, no valorizando el rol del mismo. Aspecto que igualmente afectó al resto de la familia limitando por mucho tiempo el contacto con Darío.

 Una vez separados los padres, ya habiendo iniciado Jesús otra carrera, luego de ocho años, logra graduarse, amante de su profesión, ya ingeniero en producción y considerando su estilo de personalidad eran el engranaje adecuado, la búsqueda de la perfección en cada cosa que hacía, un pensamiento rígido basado solo en hechos y todo aquello que no era observable o demostrable no era válido para él. Ante los demás, se presenta como una persona dura, exigente, perfeccionista y crítico, si las cosas o ideas no encajan en sus estándares. Es una persona que resalta los defectos de los demás o de lo que está a su alrededor, en muchas ocasiones un pensamiento muy radical y hasta cierto punto encuadrado en lo que él piensa o cree correcto.

Tiende a ser detallista, capaz de ver una hormiga dentro de un pajar. No sabe manejar el tiempo, 5 min ó 1 hora puede ser lo mismo, esto aplica más en sus cosas personales, pero laboralmente responsable hasta cierto punto.

Su primera experiencia laboral fue en una planta embotelladora de agua, donde desarrolló un sistema en planta, sin embargo duro menos de un año en esa organización debido a cambio de estructura y que no podían asumirlo como personal fijo. Teniendo ya 30 años, habiendo salido de ese empleo, no cuenta con ningún otro ingreso, hasta que decide dar clases en un instituto tecnológico, siendo estas horas las que le proveen sus ingresos pero requería tener una profesionalización en docencia. Para el momento él contaba con un vehículo que había comprado Nelly pero lo conducía él, sin embargo no tenía bienes ni empleo fijo considerando su edad.

DOS HISTORIAS, DOS MUNDOS QUE SE ENCUENTRAN

Al llegar Sophia a su nuevo hogar después de la mudanza, decide indagar qué hacer aparte de trabajar, ya con 28 años, dos carreras, un trabajo estable y exitoso, necesitaba otros retos. En la nueva ciudad, con un alto cargo en su trabajo y viviendo en la casa de sus sueños, se da cuenta que tiene oportunidad para lograr una mejor calidad de vida y disfrutar del tiempo para ella y su familia. Logra comprar su primer carro, siendo éste un gran logro, eso le permitiría tener independencia, seguridad, así como libertad de acción.

Al poco tiempo de haberse mudado, consigue que cerca de su casa hay una universidad nueva y dentro de su programación está un curso orientado a profesionales para la educación o que quisieran incursionar en esa área. Es allí donde conoce a Jesús, también decide estudiar lo mismo porque su trabajo como docente se lo exige.

En principio, él paso desapercibido, por su estilo de personalidad y los comentarios egocentristas que emitía, generando que Sophia lo ignorara. Sin embargo, al poco tiempo de conocerse comenzaron a compartir, conversar e intercambiar opiniones y experiencias de vida. A los meses, Sophia da apertura a esta nueva relación, la cual empieza a generar en ellas emociones, consolidación de cambios, ya casi todas sus metas se habían concretado solo faltaba la familiar.

Jesús tiende a ser muy conversador, pasaban horas platicando sobre diversos temas, pero de alguna u otra forma, ciertos temas se repetían sobre todo él recordaba de manera reiterada su época de adolescente, las actividades que hacía, sus amigos y sus vivencias estudiantiles.

Por los valores inculcados en Sophia, comienza a involucrar a Jesús en su entorno familiar, compartir en reuniones, actividades familiares sin etiquetas o afines. Cosa que para Sophia era "normal".

Sin embargo, no ocurría lo mismo con la familia de Jesús, el acercamiento era limitante, Jesús no permitía mayores contactos con ellos, lo que generaba ansiedad y hasta cierto temor en Sophia, pero no le prestaba atención a eso. Sophia y Jesús, comienzan una relación, donde los valores, los principios y las metas parecían comunes y compartidos. En esas largas conversaciones en la casa de Sophia, cada uno buscaba conocer al otro, los intereses, los motivos, los sueños, así como compenetrarse en diferentes aspectos.

Los primeros meses de la relación los dedicaron a conocerse, salidas o viajes con la familia de Sophia. De forma eventual surgían ciertas actitudes por parte de Jesús relacionadas con imposiciones, control, hacia ella, exigencias asociadas a que realizara todo de forma perfectas, ante los logros y reconocimientos que recibía Sophia en su trabajo él emitía comentarios desagradables, no acompañándola a esos actos o desvalorizando lo que ella poco a poco iba alcanzando. Al tiempo, la vida de Sophia comenzó a girar en torno a Jesús, su círculo de amigos se fue reduciendo, teniendo poco contacto con ellos incluso telefónicamente.

Al año de conocerse, Jesús obtiene una oportunidad laboral fuera de la ciudad, tenía tiempo sin trabajar después de su salida de la embotelladora, y logra incorporarse a una gran corporación, experimentando vivir solo lejos de la familia. Era un trabajo retador, posibilidad de toma de decisiones importantes, viajar por diversos sitios dentro del país, tenía una posición privilegiada, supervisando un gran número de personas, responsable de los más altos proyectos económicos que se estaban desarrollando en diversas localidades. Sin embargo, a escasos tres meses, comenzó a presentar alteración en su salud, problemas estomacales, angustias, ansiedades, dificultad para conciliar el sueño, entre otros aspectos. Al conversar eso con Sophia, ella lo relacionaba con el hecho de estar fuera de su hogar, comer en horarios dispares o comida preparada en diversos sitios.

Aunque él manifestaba su problemática, se sentía a gusto con el trabajo que realiza. Pero entre una y otra conversación con Sophia, le manifestaba que compañeros de trabajos le estaban obstaculizando sus funciones, ocultado información relevante lo que le generaba horas de trabajo de más, sin embargo, eran los malestares de salud lo que más incomodidad causaba en él.

Para sorpresa de Sophia, un viernes a las 10 am recibe una llamada de Jesús donde le dice que estaba en casa de Amapola, los malestares eran tan intensos que decidió tomar el primer vuelo, esa estadía se prolongaría ya que no retornó a su trabajo, dejando atrás esa oportunidad, se desliga de sus responsabilidades sin dar mayores explicaciones a sus jefes, simplemente se va.

Estando en casa de Amapola, recibe la atención a la que siempre había estado acostumbrado, se sentía cómodo en su hogar sin extrañar su actividad laboral. Sophia, sabia de él porque se comunicaban a través de llamadas o mensajes, sin embargo ella no visitaba ese hogar, no había logrado compenetrarse con la familia de Jesús.

Jesús era el novio formal ante la familia de Sophia pero no ocurría lo mismo con la de él. Siempre existía un bloqueo por parte de Jesús a la hora de que ella buscaba conocerlos o integrarlos, él decía que su familia era muy difícil, controladora, que buscaban siempre lo negativo a las cosas y que no quería que ellos afectaran a Sophia por los comentarios.

Entre esas idas y venidas, un día por la tarde luego de almorzar, Jesús le dice a Sophia que lo acompañe a un lugar, pero que solo la hermana sabe de ese sitio ya que ella lo había acompañado un par de veces, sin dar mayores detalles, llegan a un centro clínico, Sophia aún intrigada, suben los dos en el ascensor, llegan al 4to piso, al leer el membrete dice Dr. Sitiop Psiquiatra, entran al consultorio y se encuentran con un señor de unos 70 años, sentado en una gran silla reclinable, en el ambiente se sentía un fuerte olor a tabaco, era un lugar muy espacioso rodeado de muchos libros de diversos trastornos, con la foto del psicólogo Sigmund Freud en el fondo de la habitación.

Los invita a sentarse, e inicia su conversación preguntándole a Jesús cómo se ha sentido en los últimos meses y si ha continuado con el tratamiento. Sophia sin saber qué ocurre, escucha que el Dr. le dice a Jesús que lo deje a solas con Sophia, éste se retira. El Dr. comienza a conversar con Sophia, en un principio muy sorprendido porque Jesús tiene una pareja, le pregunta.

¿Cuánto tiempo llevan saliendo juntos?. -Un año aproximadamente, estamos compartiendo y conociéndonos.

¿Has tenido la oportunidad de conocer a la familia e interrelacionar con ellos? A lo que responde Sophia. - Muy poco la verdad, si las conozco, pero más allá de un saludo no he tenido ese espacio, Jesús evade la conversación cada vez que le pregunto sobre su familia. ¿Pero Dr. por qué Jesús está aquí?

¿No lo sabes? ¿Aún no te ha contado?. - Jesús tiene algo que se llama trastorno del pánico, desde hace muchos años, y tiene tiempo asistiendo conmigo. Me había comentado algo de ti y por tu profesión me dijo que entenderías. Sin embargo, no me sorprende que no te lo haya dicho y menos aún que no hayas compartido con su familia.

¿Por qué lo dice Dr.? - Es mejor no continuar conversando hay cosas que sólo tú debes averiguar, pero es importante que estés muy pendiente de lo que pase a tu alrededor a veces las cosas no son lo que parecen. Y ésta conversación debe quedar entre nosotros. En ese momento toma el teléfono y le dice a la secretaria. - Por favor dile a Jesús que entre.

¿Dr. pero qué sucede, puedo venir a conversar con Usted posteriormente....?

- Vendrás... te aseguro que vendrás... adelante Jesús.

El Dr. le pide a Sophia que los deje a solas. Con mucha intriga e incertidumbre, ella se retira a la sala de espera.

Transcurren no más de 30 minutos cuando Jesús abre la puerta, se despide de la recepcionista y sale del consultorio. Al salir, Sophia le pide a Jesús que le explique lo que pasa. Él le comenta que ha estado asistiendo a ese especialista desde hace unos años, y comienza a contarle.

- Estando en la universidad un día luego de la clase, comencé a sentir una opresión en el pecho y falta de aire, pensé que había sido por lo agitado que había estado esa mañana, no le presté atención, pero luego fue ocurriendo con cierta frecuencia, sin embargo, se pasaba al poco rato. Nunca había sentido eso en la vida, es algo desesperante. Recuerdo que estando una vez en el trabajo también sentí algo igual tanto así que tuve días sin ir a trabajar, no quería salir de la casa y eso me llevó a perder mi reciente empleo aunado a los otros malestares que ya te había mencionado.

Sophia, después de escuchar eso y siendo psicólogo no lo ve como algo de impacto, pensaba que era algo controlable, así que decide acompañarlo en ese proceso y buscar herramientas para ayudarlo. Pero Jesús, no es persona de terapias ni de recibir orientaciones o ayuda por largos periodos de tiempo, por lo que Sophia, sabía que él se sentiría tranquilo mientras contara con el medicamento que le indicaba el psiquiatra, pero tenía claro que la terapia era necesaria. Asistía a consulta sólo cuando estaba al borde de una crisis o requería más medicación.

Habían momentos en que se manifestaban los síntomas, que implicaba que Jesús no quisiera salir de su casa, tenía miedo a manejar, necesidad de estar en sitios donde considerara que tendría asistencia médica. Esa situación la compartió con Sophia durante mucho tiempo, quien buscaba apoyarlo para que manejara lo que estaba pasando. Algunas veces ella lo acompañaba a los sitios para que sintiera tranquilidad de que no ocurriría nada si estaban juntos.

Tras todo esto, Sophia seguía sin acercarse a la familia del hombre de quien se estaba enamorando, por lo que no tenía mayor referencia de cómo eran ni de cómo habían manejado dicha situación con él, previo a conocerse. Ella tampoco contaba a sus padres lo que estaba viviendo con Jesús, ignorando ellos esa situación.

Al tiempo, Jesús consigue un trabajo en otras de las empresas del grupo a la cual había pertenecido tiempo atrás, pero ésta estaba ubicada a 12 horas de la ciudad, logró obtener nuevamente un cargo importante y de responsabilidad, cuyos beneficios eran buenos para él y de gran proyección. Se residenció en la casa de la familia de un compañero de trabajo mientras se estabilizaba tanto económica como personalmente, dentro de sus planes estaba adquirir una vivienda o alquilar, pero eso le llevaría algo de tiempo.

En ese trabajo tenía 25 personas bajo su supervisión, contaba con un vehículo del cual podía disponer día y noche, era el representante de la empresa en todo el estado y en quien recaía la responsabilidad de sacar el proyecto de construcción más importante de la zona. Definitivamente, un cargo que era el que Jesús necesitaba muy parecido al anterior, él era buscado por sus conocimientos y por supuesto eso le daba gran estatus. Sin embargo, a los meses, comenzó con malestares estomacales, él decía que por la alimentación desordenada que tenía, pero en uno u otro momento que llamaba a Sophia, él hacia ciertos comentarios -creo que la dueña de la casa hace brujería, fuma mucho tabaco, no quiero que se me acerque. Para Sophia esos comentarios eran solo palabras, nunca los vio como algo posible o real.

Debido al tipo de trabajo de Jesús, la comunicación era ocasional, así como las visitas, se veían cada dos fines de semana, pero lo poco que se veían conversaban mucho, a pesar de que habían nuevos temas de conversación siempre Jesús retomaba sus recuerdos de la adolescencia, siendo esto ya costumbre escucharlo por parte de Sophia.

Ella también estaba empleada en una gran empresa ocupando una importante posición a nivel de Gestión de Personal, sorpresivamente es seleccionada para incorporarse a una trasnacional, debido a lo retador de la misma, decide renunciar a su empleo y se incorpora inmediatamente a la nueva empresa e inicia en un nuevo reto profesional a la par sus estudios de Magíster en una prestigiosa universidad, no sin antes agradecer a su jefe por los conocimientos y la experiencia adquirida.

Ambos proyectados y estables laboralmente con un futuro prospero, profesionales, trabajadores, con cierto tiempo de relación, contaban con una base para llevar su relación a otro nivel, sin embargo, no hablaban del tema.

Sophia, seguía creciendo en la empresa en la que laboraba, le asignan un proyecto al cual comienza a dedicarle muchas horas de su tiempo para que el mismo superara las expectativas de sus Jefes, muy entusiasmada, espera a que llegue el fin de semana para ver a Jesús y mostrarle lo que ha hecho, estaba segura que la daría buenas ideas ya que es el campo que él maneja.

Llega el día sábado, Jesús y ella se encuentran en el café preferido de Sophia, al verse fue un momento mágico para ambos, encontrarse esas miradas, tener al frente a la persona que se ama después de varios días distantes, luego de conversar sobre sus respectivas semanas, Sophia, le dice a Jesús que revise el proyecto que ella debía entregar para formar parte de un programa de negocios el cual había desarrollado en su empresa, muy entusiasmada le entrega el materia, sin embargo, Jesús con solo leer escasas 10 páginas, toma el texto, lo lanza contra la mesa y le dice.

-Eso no sirve, es una burda copia de trabajos de Internet, con eso no obtendrías ni la clasificación más mínima en el programa. Esa fue su respuesta, Sophia sorprendida, no le comenta nada, solo decide marcharse del lugar, sola, decepcionada, triste sintiendo que el corazón se le iba a salir, no entendiendo como puede tratarla así sabiendo lo importante de ese proyecto para ella y el tiempo que había invertido en haciéndolo.

Él deja que se vaya sola, no la llama durante todo el día, sabiendo que al día siguiente regresaría a su trabajo y no retornaría hasta pasadas dos semanas.

Sophia llega a su casa, molesta y llorando por lo ocurrido, sin embargo, su amor va más allá de su orgullo y comienza a llamar a Jesús, sin recibir respuestas de su parte, llega la noche y él no la contacta. Ella no recibió ninguna palabra de elogio, motivación y mucho menos palabras de disculpa por lo ocurrido. Es así como Sophia comienza a vivir una serie de eventos similares a lo largo del camino.

Llega el domingo, Jesús toma vuelo a directo a la Ciudad donde trabaja, solo le envía un mensaje a Sophia diciéndole.

-Nos vemos en unas semanas, si te digo las cosas es por tu bien, porque quiero que hagas todo de manera perfecta. Sophia lo que hace es justificar su conducta. El resto de las visitas fueron similares, sólo se veían en casa de ella, no salían a pasear ni menos a distraerse, de dos días se veían uno pero apenas unas horas. El resto de tiempo Jesús prefería pasarlo en su propia casa.

A los 6 meses de Jesús estar en ese nuevo empleo, Sophia recibe una llamada por parte de su Jefe y le indica que su proyecto fue aceptado. Escuchar esa noticia le generó mucha emoción pero también pensamientos encontrados recordando la forma en que Jesús desvaloró lo que ella había realizado, no le comentaría nada a él cuando lo viera el próximo fin de semana.

Pero pensaba, -si fue aceptado mi trabajo, es porque es bueno, no entiendo la actitud de Jesús cuando se lo mostré. No siguió rondando en eso, pero compartió su emoción con quienes siempre la han acompañado, su familia, recibiendo los reforzamientos positivos que necesitaba escuchar.

Jesús, solía llamarla en la mañana y al final de la tarde, por su tipo de trabajo le tocaba estar en áreas de difícil conexión, en una de esas llamadas, Jesús le dice a Sophia que quiere casarse con ella, lo que fue un impacto agradable ya que otro de los sueños de Sophia se haría realidad. Esa llamada fue emocionante para los dos, duraron conversando alrededor de una hora, juntos hablando sobre lo que estaban sintiendo en ese momento, Jesús le comentaba que se sentía preparado para iniciar una vida con ella, tenía la seguridad de un empleo y posiblemente podrían hacer su vida en la ciudad donde él estaba.

Por su parte, Sophia muy entusiasmada con la llamada, se visualiza casada y proyectando su vida con un nuevo norte, la idea de mudarse, si se daba esa opción, era viable ya que podía solicitar un traslado a las oficinas de cualquier lugar del país. Luego de hablar, Jesús retorna a su trabajo y Sophia decide no comentar nada a nadie, solo esperó que llegara el momento de estar con él y vivir esa emoción juntos. El escuchar la palabra matrimonio, opacó todos los actos o comentarios nada motivadores, o críticos que hacía Jesús hacia ella, no pensando en las cosas que le molestaban de la relación o de las actitudes de su novio, solo quería cumplir su sueño de casarse.

A los días de Sophia haber hablado con Jesús y esperando con ansia esa visita, recibe una sorpresiva e inesperada llamada de Nelly (nunca la había contactado) indicándole que va a buscar a Jesús y lo trasladaran en Helicóptero a una clínica, Nadia decide irse por carretera junto con un familiar a buscar el carro de Jesús.

Al llegar a la clínica, comienzan a realizarles exámenes para detectar el origen de sus malestares, pero ya Amapola, sin ser médico, había solicitado a los doctores una serie de exámenes para su hijo entre ellos una endoscopia, colonoscopía y demás, porque ella consideraba que se debía realizar un estudio exhaustivo.

A los pocos días se estabiliza su salud, el acercamiento de Sophia con la familia seguía siendo limitado, el contacto era con Jesús quien le informaba cómo estaba, sin embargo, ni Amapola ni Nelly le daban mayores detalles. Jesús no retorna a su trabajo, pero tampoco da explicación a los jefes, sino abandonando nuevamente el mismo sin mayores detalles, acciones que a Sophia no le parecían adecuadas y ya eran recurrentes.

Fue un hecho que no llevo a mayores, no se detectó nada en los exámenes más allá de sobrepeso. A los días Jesús retoma su ritmo de vida, el que tenía antes de irse a otra ciudad. Aunque se encontraba desempleado, Jesús y Sophia comienzan a conversar sobre su vida en pareja, los aspectos que necesitaban pero sobretodo el obtener un empleo.

La formalización del casamiento nunca se realizó, lo que Sophia había soñado de verlo y que tuviera algún gesto bonito como aparecerse con un ramo de flores, llevarla a un restaurant o recibir un anillo de compromiso solo estaba en su mente, ya que por parte de Jesús eso no estaba considerado por él ni formaba parte de sus planes, para él la llamada era suficiente. Hasta ese momento, nunca había tenido un gesto bonito hacia ella, y Sophia se conformaba con cualquier detalle mínimo que el pudiese tener.

Ella pensaba en el matrimonio día y noche, era otro de sus objetivos y quizás el cierre de sus metas, consolidar una familia. Caso contrario ocurría con él, solo eventualmente se motivaba por si solo a tocar el tema. Sophia no contaba con amigas, no conversaba con su familia sobre su vida ni menos sobre su relación, prefería mantenerse encerrada en sí misma en lo que concernía a su privacidad. Pero no ocurría lo mismo con temas laborales.

Sophia seguía focalizada en su trabajo, igualmente orientada a crecer profesionalmente, y un día conversando con Yuliana (la esposa de Alex), le propone crear una compañía juntas para dedicarse al asesoramiento de empresas en el él área de crecimiento humano y personal considerando la profesión que ambas tienen Sophia (psicólogo) y Yuliana (trabajador social) y tomando en cuenta que tanto ella como Alex y sus tres hijos se mudarían a la misma ciudad donde vive Sophia, podrían hacer muchas cosas juntas. Ellos se mudan a los meses y así inicia ese proyecto laboral, siendo un nuevo reto para Sophia el cual pensaba desarrollar a la par de su trabajo en la trasnacional. Éste reto igualmente Jesús criticó.

Sophia, por su ímpetu y orientada a alcanzar diversos objetivos, notaba que por parte de Jesús no había el mismo nivel de motivación, ya llevaba varios meses desempleado y no generaba acciones para buscar ingresos, mientras que Sophia se desarrollaba profesionalmente.

Amapola teniendo años laborando en la corte, siendo una persona reconocida en la Institución, mueve sus contactos internos y logra que Jesús comience a trabajar en la corte específicamente en el área de ingeniera. Allí inicia una nueva vida laboral para él.

Ya ambos con trabajo, empezaron los proyectos, sobre todo por parte de Sophia, que entusiasmada con la idea de casarse, comenzó a imaginar cómo sería la vida en conjunto. Habían pasado muchos meses desde aquella llamada de Jesús pidiéndole matrimonio, nunca hubo una formalización como tal de dicha propuesta, sin embargo Sophia le planteó la idea de buscar vivienda, ya que es el marco de referencia que tiene de un matrimonio producto de la imagen que posee de sus padres.

Es así como comienza a revisar anuncios de prensa, contactar a referidos y empresas inmobiliarias viendo opciones de apartamentos. Esa necesidad de buscar vivienda, en vez de ser una emoción se convirtió en una pesadilla para Sophia, por múltiples opciones que ella buscaba, Jesús se oponía a cualquier detalle, ubicación de los mismos que no le gustaban, ya que quería vivir en una excelente zona, reclamaba por los costos, generando críticas a todas las oportunidades que ella encontraba, no permitiendo avances en la misma.

Si estas actitudes están presentes, ¿por qué Sophia sigue con la decisión de casarse si ya habían rasgos que le molestaban?, aspectos relacionados con tardanzas en tomar decisiones por parte de él, inseguridad, reclamos, críticas, desvaloración, poca orientación a la estabilidad laboral, nada de lo que Sophia hacía o buscaba era del agrado de Jesús, sin embargo, los planes continuaban.

Los Momentos Anhelados

Fue así como después de tanto tiempo de aquella llamada donde hablaron de matrimonio, el 15 de enero conversando sobre el mismo, evalúan que podría celebrarse en el mes de julio de ese mismo año.

Sophia, quería compartir esa emoción con su familia, ya que ellos siempre han sido su pilar en todas las actividades que ella hace, aunque le solicitó a Jesús que hablaran juntos, pasaban los días y no había reacción por parte de él, por ello, Sophia, algo triste por sentirse sola ante el anuncio de su compromiso pero a la vez ilusionada ante la idea de casarse. Reúne a sus padres en la sala, les comenta que les tiene una noticia muy importante y les dice que se va a casar con Jesús.

- No les había dicho nada porque preferimos definir un mes, ya decidimos que será en julio, por eso es que se los estoy comentando en este momento, saben que siempre mis decisiones las comparto con ustedes, y ésta considero que es una de las mas importantes.

Sus padres se alegraron mencionándole su apoyo desde ese primer momento.

Alejandra estaba feliz, su hija había cumplido con todo lo que una madre anhela, ver a su hija graduarse y ahora casarse. Francisco pensaba en que su pequeña ya formaría su propio hogar, él le pregunta en dónde vivirán, a lo que Sophia responde

-Aunque no les he consultado, queremos ver la opción de estar aquí por unos tres meses aproximadamente mientras concretamos una vivienda propia, andamos en eso, pero aún no nos hemos decidido.

¿Cómo no apoyar a su nena en esa solicitud si hasta ahora había alcanzado todos sus sueños?.

Jesús no estuvo presente ni conversó del matrimonio con los padres de Sophia, sin embargo, le pide a ella que juntos le comenten a su familia. A lo cual Sophia asombrada por la solicitud de Jesus ya que el no estuvo presente en el anuncio de ella, la misma acepta pues le parece que es algo normal que hagan la parejas.

Eran alrededor de las 4pm cuando Jesús pasa buscando a Sophia por su casa, una tarde de mucha lluvia, el cielo perfectamente nublado, se sentía una brisa con toque desagradable, que hacia latir rápidamente el corazón Sophia, al entrar a la casa de Amapola se percibía una soledad a pesar de que estaba toda la familia. Sophia se encontraba frente a frente con la familia de su futuro esposo, Jesús le hizo seña a Sophia para que tomaran asiento en uno de los muebles de la primera sala, las hermanas prefirieron quedarse de pie y Amapola, se sentó en su poltrona tomando té con una postura a la defensiva y una expresión fría en su rostro, Sophia se encontraba con incertidumbre, ansiedad, el corazón acelerado, sudoración en las manos, muy nerviosa pensando en qué dirían aquellas personas con las que poco había interactuado, y de las que nunca había sentido ese apoyo o amor por ser una nueva integrante de la familia.

Jesús comienza la conversación indicándoles que debido al tiempo que tiene de relación con Sophia, y considerando la estabilidad laboral de ambos, les anuncia que la desposaría. Se escucha un sonido agudo, era la tasa de Amapola, la cual había caído al piso al escuchar la noticia, su rostro se transformó, entre molestia y decepción, hubo un minuto de silencio que parecía eterno. Es allí donde Amapola emite sus primeras palabras siendo de desacuerdo, generando una serie de interrogantes tales como:

¿Dónde van a vivir?, ¿por qué casarse? A lo que responde Jesús

-Por los momentos en casa de los padres de Sophia, estimamos unos tres meses.

Escuchando eso Amapola lo que hizo fue resaltar el hecho de que su matrimonio fue un fracaso en el cual estuvo durante 20 años. Jesús la interrumpe,

-Cada matrimonio es diferente, y el que ustedes hayan fracasado no implica que pasará lo mismo con nosotros.

En ese momento Sophia, señala: -Mis padres tienen más de 40 años de casados, y ellos son mi patrón de referencia.

Siendo este comentario impactante tanto para Amapola como para Nelly.

Después de diversos impases, comentarios nada positivos, una serie de preguntas que generó la familia en ese momento, Amapola señala que se brinde con un vino para celebrar la noticia. Considerando que la situación no fue como Sophia se imaginó, tanto ella como Jesús decidieron marcharse, no precisamente con felicidad, salen de aquella casa sintiendo que dieron una noticia nefasta y no positiva. Sophia sube al auto que manejaba Jesús, con una necesidad de llorar, muchas interrogantes, le pregunta a Jesús del por qué la reacción de Amapola, y de las hermanas que no emitieron ningún tipo de comentario.

No entendía como una noticia de matrimonio generaba esas sensaciones de molestia. Jesús, callado buena parte del camino, lo único que mencionó.

-Ellas son así, nunca ven nada positivo en la gente, sólo lo que ellas hacen o deciden es lo correcto.

¿Por qué ella continua con esa idea de casarse sin conocer a la familia de Jesús? ¿No se supone que debería existir una mayor integración con ellos?

A partir de ese momento, comenzó el proceso de preparación del matrimonio, ir y venir, entre una y otra cosa, siendo Sophia la que llevaba las riendas de la preparación, ya que el trabajo de Jesús lo limitaba en tiempo, cosa que no ocurría con Sophia, que a pesar de sus diversas actividades podía organizar sus horarios.

Inician con la búsqueda de los trámites correspondientes al matrimonio civil, implicando una serie de procesos a realizar, a la par estaban con la ubicación de vivienda la cual no se había concretado aún dada las exigencias de Jesús y críticas constantes. En todo ese momento Alejandra era el apoyo, quien asistía con ella a todos los lugares que requería visitar como por ejemplo tiendas de bodas, locales para la celebración, entre otros.

En el mes de marzo Amapola le indica a Jesús que contacte a los padres de Sophia y que les comente que ella había decidido realizar una reunión para la integración de ambas familias, siendo éste el primer encuentro formal entre ellos, considerando el patrón de familia de Jesús, caracterizada por el formalismo en el manejo de las relaciones sociales. La cita se llevó a cabo en un lujoso Restauran Francés de la ciudad, llega Sophia con sus padres, Alex, Yuliana y Sobrinos, todos emocionados e intrigados por el lugar. Al entrar, son recibidos por el dueño del mismo, quien los ubica en la mesa, la cual estaba finamente decorada, a los pocos minutos llega Jesús con su familia, se notaba emoción en el rostro de él.

Fue un momento diferente, por supuesto liderizado por Amapola, imposible que no hubiese sido así, dadas sus características y la necesidad de tener el control en muchas cosas. Un espacio para compartir, conversaciones hasta cierto punto trivial, solo para pasar el momento, pero igualmente Sophia con cierta distancia hacia ellas. Entre uno y otro preparativo, se escuchaban comentarios por parte de Amapola, sobre el fracaso de su matrimonio, el desacuerdo con que las personas se casen, palabras no orientadas a la felicidad sino por el contrario con rasgos de tristeza y molestia ¿acaso seria por su matrimonio fracasado?, pero aunque buscaba no ser evidente con su actitud era imposible no darse cuenta. Caso contrario a los padres de Sophia, que se mostraron optimistas y motivadores con los novios, quienes obviando esos comentarios, hicieron un ambiente agradable.

El resto de los días trascurrieron en los preparativos, Sophia buscando que cada detalle estuviese perfecto, dando órdenes, organizando, controlando, pero disfrutando de cada una de esas actividades, con la emoción de que llegara pronto ese día, y así fue.

12 de julio de ese año, uno de los momentos más esperados por Sophia, y para Jesús también, llego el día del matrimonio civil el cual se lleva a cabo en la prefectura de la localidad, una ceremonia bonita, rápida y bendecida, que duró 30 minutos, fue un momento de felicidad, se notaba esa mirada de alegría, de esperanza, de futuro como pareja y de inicio de una nueva etapa. La familia de Jesús, les preparó una recepción en el salón de eventos en otro restaurante lujoso, esta vez de corte italiano, como es de esperarse, rodeado de elegancia, clase, estatus, como a las que estuvieron acostumbrados durante años. Música en vivo que generó que todos bailaran a lo largo de la noche, entremeses exquisitos, una cena de alto nivel, por supuesto no podían faltar los dulces, muy sabrosos por cierto!

Esa noche fue muy distinta, no hubo comentarios negativos por parte de Amapola, se sentía una magia en el ambiente, que sobrepasaba las expectativas de Sophia, ambas familias se compenetraron en diversos temas en esa velada.

Allí conocen a las dos hermanas de Amapola, la tía Diuna, solo al verla eriza la piel a cualquiera, ella posee unas características físicas muy peculiares, una nariz larga tipo garra, en el rostro tiene una verruga, con el cabello aceitoso y un caminar extraño, una persona que tiende a ser cínica en su forma de comunicarse, tiene un hijo de 28 años, el cual tiene rasgos parecidos a Jesús, fue criado por Nelly hasta la preadolescencia, por desapego de Diuna. Y la tía Azucena, mujer solterona, quien vive sola, religiosa, se dedica a asistir a la iglesia así como a realizar trabajos de costura. Ambas intentaron integrarse a ese ambiente ensoñado de la boda.

Dos días después, se celebra el matrimonio eclesiástico, la ilusión más esperada por Sophia y toda su familia. Josefin (la madrina de la boda) junto a sus sobrinas, Stephany y Caroline (damas de honor) quienes habían llegado la noche anterior para apoyar en los últimos preparativos, pero ya desde meses anteriores colaboraron con ella día tras día, su regalo de bodas fue el pastel, los dulces, así como parte de los accesorios de Sophia.

Sophia, despierta a las 8 am, con una visión de esperanza y de cambio de vida, por fin obtener uno de los últimos eslabones en su carrera de objetivos, casarse por la Iglesia. A eso de las 12pm va al estilista con Isabella y Saideith, (sus dos mejores amigas de la universidad, quienes habían llegado igualmente el día anterior), todo era como ella lo había imaginado, sería el centro de las miradas de todos ese día. El estilista, realizó un trabajo perfecto en su maquillaje y peinado. En casa, la esperaban sus padres, hermanos y sobrinos, quienes albergando felicidad deseaban verla salir del cuarto con su vestido blanco. Todo hasta ese momento era perfecto.

Por su parte, Jesús en casa de Amapola estaba con sus propios preparativos, él acompañado solamente de su propia ilusión ya que Nadia estaba en supermarket, Nelly limpiando la casa desde las 10 am y Amapola cocinando.

Darío no hizo acto de presencia, se supone que el padre debería ser el apoyo en esos momentos, pero fue Jesús quien se preparó sin recibir ninguna palabra motivadora por parte de su familia. ¿Será que para ellos era un día común?

Después de un hermoso y radiante día, llega la hora pautada a la Iglesia, era a las 7pm de aquel sábado 14 de julio, Sophia sale de casa con su cortejo rumbo al altar, al llegar a la entrada, la organizadora de bodas le indica que aún no puede entrar, porque faltaban 2 de las damas de honor (Nelly y Nadia), ¿cómo no estaban a la hora siendo parte del cortejo? Esperaron 10 minutos, y Sophia indica para iniciar, esa ausencia no afectó para nada la continuidad, considerando que igualmente estaban sus sobrinas como parte del cortejo. Algo había muy en el fondo para que las hermanas llegaran casi al final de la ceremonia, ¿porque llegar tarde a un hecho tan importante para Jesús? ¿Por qué la tía Diuna no asistió a la iglesia? Respuestas que años después encontraría Sophia.

Pero apartando esos detalles, éste fue un momento único para todos, un aura de paz, amor, armonía y felicidad rodeaba esta nueva unión que iniciaría a partir de ese momento con la bendición de Dios, pero hubo un hecho curioso, en toda la ceremonia siempre estuvo un gato gris cerca de los pies de Sophia, que a pesar de que intentaron sacarlo en varias oportunidades nunca se movió del lugar.

Llega el momento de la fiesta deseada, comida, dulces, música, baile, todo como siempre lo había soñado, podría describirse como mágico.

La magia siguió de la mano de la luna de miel, disfrutando de un lugar lleno de diversión, de alegrías, donde tenían la posibilidad de realizar diversidad de cosas a la vez, que incluso el tiempo se quedaba corto para todo lo que podían hacer, fue un viaje corto pero divertido y satisfactorio.

Al retornar a la realidad, Sophia, comienza con la adecuación de su cuarto para darle a Jesús su propio espacio, esos arreglos le llevó a Sophia una semana. Sin embargo Jesús, no consolidaba su mudanza, durante los primeros meses de casados, él iba y venía de una casa a otra, pasaba algunas noches y algunos fines de semana con Sophia y otros con su mamá y hermanas, le costaba desligarse de ese núcleo y comprender que ya tenía un nuevo norte con su esposa, cosas que a ella le molestaba porque sentía que no habían cambios en su vida, sino que continuaban como novios, solo con la diferencia de un papel firmado y la ilusión por parte de ella pensar como es la vida en pareja, pero eso él no lo entendió.

Luego de 6 meses de casados, Jesús llama a Sophia y le indica que lo acaban de despedir sin tener mayor información del por qué de la decisión, cosa que impactó a ambos porque eso limitaría todos los planes, sobre todo de mudanza. Para sorpresa de los dos, a los pocos días Sophia se entera que está embarazada, otro sueño logrado, la noticia invadió todo su cuerpo, su sentir, la emoción de ser madre, de traer al mundo un ser con quien también había soñado, para ella ver el resultado de ese examen fue estremecedor. Caso contrario a Jesús, a quien la noticia le generó shock, estaba sin empleo y sin una vivienda propia. ¿Cómo asumir esa responsabilidad?.

Los primeros meses fueron complicados, debido a la salud de Sophia y su futuro primogénito, el especialista le recomendó reposo, ameritando estar durante mucho tiempo en cama, a pesar de ser un embarazo complicado, Jesús no decidía mudarse por completo. ¿Qué le pasaba a Jesús que no quería desligarse de su entorno materno? ¿Por qué no asumir su rol de esposo y futuro padre? ¿Qué cosas habían que limitaban su relación?

En ese proceso de embarazo, era Alejandra quien estaba con Sophia día y noche, cuidándola tanto a ella como al bebé que estaría por llegar, ese tiempo fue impactante para Sophia, no era como ella se lo había imaginado ya que no tenía casa propia, no contaba con el apoyo de su pareja, pensaba que nacería el bebe y no tendría su propio espacio, es ilusión de cualquier futura madre de decorar el cuarto de su hijo, seleccionar los colores, la cunita los respectivos adornos, no formaban parte de las actividades de Sophia, ya que su mundo estaba circunscrito a un espacio en la casa de sus padres. Esos aspectos hacían que ella se entristeciera porque no tenía esa familia ideal con la que siempre soñó, pero luchaba para que esos sentimientos no duraran mucho a fin de no afectar a su hijo, solo el sentirlo, el escuchar sus latidos en la consulta con el especialista, ver en el monitor cómo se desarrollaba su pequeña figura cuando su ginecobstetra realizaba los exámenes pertinentes, eran motivos suficientes para cambiar cualquier sentimiento triste por emociones positivas.

Es a los 5 meses de embarazo que se muda Jesús a casa de los padres de Sophia, y comienza a vivir esa experiencia con ella, siendo esos momentos agradables para ambos, focalizados en ese nuevo ser que llegaría al mundo. Era un tiempo igualmente extraño, Jesús estaba como desubicado en su rol, era una especie de alejamiento y acercamiento, su cuerpo estaba en ese cuarto pero Sophia sentía que los que ella esperaba, y esa felicidad no la sentía en su corazón.

Estando allí, muchas noches Jesús le recriminaba sobre las cosas que ella hacía, a pesar de estar de reposo, se quejaba de la sazón de su comida, exigencias en cuanto al orden que debía existir en esa habitación, más frecuente era verlo molesto y reclamando, que feliz. Él sin empleo, la mayor parte del día la pasaba encerrado en la habitación, viendo tv, durmiendo o conectado a su celular. Mientras Sophia lo atendía.

A las pocas semanas de estar ya viviendo con ella, le surge otra oportunidad de empleo a Jesús, nuevamente lejos de la ciudad, conversando con Sophia deciden que era bueno explorar esa otra opción, decisión que impactó a la familia de Jesús quienes se negaron a brindarle apoyo resaltando todas las cosas negativas y en contra que implicaba que se fuese lejos. Pero ¿lejos de quién? ¿lejos de ellas? ¿lejos de la esposa? ¿realmente que era lo que les molestaba?. Sin importar las opiniones, él inicia su trabajo contando con la apertura de su esposa, quien en su estado, sabía que estaría todo bien, aunque Jesús estuviese lejos. Se volvió a iluminar el rostro del él, su actitud cambia así como su forma de tratarla.

Debía estar en ese empleo, el lunes de la siguiente semana, era el inicio de una posible estabilidad y cambios para ambos, allí inicia como Coordinador de Obra, nuevamente encargado de un excelente proyecto urbanístico, viajaba semanalmente a casa de Sophia, en esos momentos sus emociones eran distintas proyectando un aura de tranquilidad. Mientras él estaba trabajando, Sophia, seguía de reposo, así como sus controles regulares con el especialista, en su última visita le informan que todo iba bien, y que el bebé llegaría en pocos días, se había planificado el nacimiento para el 11 del mes siguiente, faltan escasos 20 días para ese pequeño ser descubriera el mundo.

Notifica eso a Jesús, quien programo llegar el de 10 y estar presente en el nacimiento, Sophia, por su parte, organiza los últimos detalles con lo que requería llevar a la clínica así como su cita para los exámenes requeridos.

Es así como un jueves a las 6am, Sophia en casa con sus padres, siente algo extraño en su vientre, decide irse a la clínica en compañía de ellos, al llegar y ser examinada por su especialista, le indica a Sophia que nacería su hijo un día antes de lo programado, iniciando con los preparativos. Alejandra no sabía que hacer, se encontraba en la sala de espera con las maletas de Sophia, y Francisco entregando unos pagos que eran urgentes.

En la sala de pre-quirófano, estaba Sophia sola, Jesús había programado llegar al medio día ya que el nacimiento se produciría era el viernes, ella angustiada pero confiada en su excelente especialista, llama a la familia de Jesús y ninguna atiende la llamada, durante una hora no pudo comunicarse ni con ellas ni con Jesús. Contacta a Josefin así como a Alex, quienes vivieron esa emoción con ella.

Entra a la sala del quirófano solo con su médico y luego de 45 minutos, siente que le colocan a su pequeño cerca de su mejilla, era Diego Alejandro, por fin estaba viendo el rostro que tanto anhelaba ver.

Un momento único, sorprendente, de verdadera unión familiar, Jesús llega después del nacimiento, tampoco estuvo presente allí, para él fue un momento impactante, lo que implica ser padre, que va más allá del cariño y el amor. La llegada de Diego Alejandro, marcó el inicio de un nuevo ciclo para todos, para ellos como pareja y para ambas familias, llegaron los primeros días de adecuación tanto en el espacio en el que vivían así como ellos como padres.

Cambiando por completo la rutina de ambos sobre todo la de Sophia, hasta el momento ella controlaba su vida. Ahora debía ajustarse a los horarios demandantes de un bebé recién nacido.

Jesús a los 3 días retorna a su trabajo, y Sophia queda en casa con sus padres, la familia de él no tuvo mayor contacto con ella, solo vieron al pequeño en la clínica. Aunque sabían que Jesús no estaba, no mostraron interés por ellos.

El bebé ya tiene un mes de nacido, Jesús sigue viajando cada fin de semana, en una de esas llegadas, comienza nuevamente con su actitud de reproche hacia Sophia sobre el cuidado del niño, haciendo énfasis en que Amapola lo habría hecho de otra forma, que estarían mejor en casa de ella mientras él trabaja, reclamando todo lo relacionado a la manera en que estaba ocupándose del niño.

A la par, inicia nuevamente con malestares estomacales, dolores de cabeza y desgano para irse a trabajar. A los pocos días, Jesús decide no retornar al trabajo, se retira sin dar mayores explicaciones, simplemente no va más debido a sus malestares. Quedando otra vez sin empleo.

Durante los dos primeros meses del bebé comenzaron a relucir por parte de Jesús, frases, palabras y gestos, orientados a resaltar las acciones de Sophia, focalizándose solo en lo negativo, viendo en ella defectos tanto en el cuidado del niño como en los del mantenimiento y limpieza de su espacio. De alguna u otra forma, buscaba comparar las acciones de la esposa con las que se veía en su hogar materno, siendo para él su familia, el marco de la perfección.

Él sigue sin empleo, sus ingresos eran solo por las clases que daba en un tecnológico un par de horas a la semana, ya que logra incorporarse donde trabaja Dario, como Docente. Sophia, a los meses de nacido el bebé, se activa laboralmente, tanto en sus trabajos como con la empresa asesora que había creado años atrás. En ese momento estaba siendo lucrativa, ya que contaba con varios clientes, por lo que Sophia decide incorporar a Jesús como parte de sus asesores, siendo éste el apoyo económico que él consiguió, de aquella empresa que en su momento había criticado y no apoyado.

Los trámites de vivienda se había paralizado por completo hace mucho tiempo, aunque Sophia quería mudarse, no se motivaba a buscar otras opciones, aparte que era ella quien tenía ingresos fijos. Aspectos que empezaron agobiarla ya que no contaba con ningún apoyo por parte de Jesús, ni económico ni menos emocional.

Durante el primer año de Diego Alejandro, hubo sobreprotección de ambas familias con el bebé, dando sus opiniones y emitiendo comentarios con respecto a la crianza y forma de cuidarlo. Lo que de alguna manera hacía que Sophia se cargara de mucha presión, Jesús sin empleo fijo, era ella la que con sus diversos trabajos daba el aporte al hogar, él comenzó a encerrarse en sí mismo, conformarse con aquellas actividades que pudiesen darle algunos ingresos esporádicos, esa persona autosuficiente hasta cierto punto, profesional, observador y asesor, ya no estaba.

En ella solo veía lo negativo como ama de casa, durante ese tiempo Sophia buscó diversas opciones para él, como explorar oportunidades de empleo con sus contactos, tanto dentro como fuera del país. Sophia consideró que ese era el apoyo que él necesitaba, muchas veces él decía que ella no lo apoyaba, que no contribuía con él, pero ¿qué más podía hacer Sophia para ayudarlo?.

¿Hasta qué punto, las personas por estar focalizados en unas cosas dejan de ver las señales a su alrededor y pierden la oportunidad de darse cuenta de las necesidades o conflictos que pueden estar experimentando los individuos que están a su lado?. Muchas señales alrededor de Sophia que obvio, por estar enfocada en trabajar, atender a su familia y ayudar a Jesús a progresar, pero ninguna de esas cosas eran las que él quería, había una voz interior en él que le gritaba otra cosa. Lo que era importante para Sophia no necesariamente lo era para los demás.

A pesar de las diferencias de opiniones, las peleas, las molestias de Sophia, por la sensación de hacer mucho y que no era valorado lo que hacía, de ver cómo una persona que fue exitosa en su momento se conformaba y no buscaba opciones para progresar, ella albergaba la esperanza de que mejorarían las cosas como pareja si obtenían su propia vivienda.

Ya habían pasado dos años desde que se casaron y aún vivían en casa de los padres de Sophia, hasta que un día leyendo la prensa consigue un anuncio pequeño de venta de un apartamento. Llama, concreta una cita ese mismo día en horas de la tarde, organiza todo lo relacionado con Diego Alejandro, Jesús estaba en casa de Amapola almorzando, se prepara y sale rumbo al lugar, al llegar, vislumbra a un Sr. de unos 50 años de edad, de camisa azul y jeans, que estaba en la entrada de un edificio, dada la descripción que el le había dado, Sophia se acerca y él se presenta como el Sr. Arquiolo quien la invita a pasar al edificio, el cual posee una lujosa entrada, en el fondo, una fuente cerca de los elevadores.

Suben al piso 7 y al entrar al apartamento siente que ese es el lugar donde quiere vivir, cuenta con dos hermosas habitaciones, muchísima claridad en el mismo, una cocina totalmente amoblada, era definitivamente la vivienda para iniciar una nueva etapa de vida, después de verlo y sin pensarlo mucho toma la decisión de comprarlo indistintamente de la opinión de Jesús, ya era hora de mudarse, ella contaba con los recursos económicos para ello, no necesitaba el aporte de él. A los días le comenta a Jesús, quien no manifiesta ningún tipo de emoción ni de palabras, no mostró interes en ver el apartamento, solo se dejó llevar, e inician los trámites de compra.

Llega el día de la firma, Jesús y Sophia se dirigen a la oficina de registro ya que consolidarían la compra de su propio apartamento, fue un día de tensión, los antiguos dueños habían obstaculizado la compra del apartamento por diversos motivos, algo asombroso, estaban vendiendo e igual colocaban trabas. Después de esperar por varias horas, se formaliza la firma y por fin adquieren su propio inmueble, ese día en la noche ambas familias junto a su pequeño Diego Alejandro, se dirigen a su apartamento proyectando una vida nueva en ese ambiente, un lugar con un ventanal enorme que le permite ver diversas áreas de la ciudad, entre ellas se observaba aquel edificio en cuyo piso 3 estaba la oficina en la que trabajó Sophia por algún tiempo, donde muchas veces pensó en cómo sería vivir en esos apartamentos, cosa que ya era una realidad. Todos manifestaban emoción por el logro. Para ella era lo que necesitaba para ser feliz.

Durante los meses siguientes comenzaron a generarse planes para la decoración, sin embargo Jesús, seguía sin trabajar, eventualmente asesoraba a alguna empresa pero los gastos en su mayoría eran cubiertos por Sophia. Ella para el momento tenía 3 empleos, laboraba para una empresa exitosa y bien proyectada, a su vez daba clases a nivel universitario y era consultor organizacional gracias a la empresa que posee.

Sin embargo, pasan los meses y no se mudan, por uno u otro motivo Jesús tarda en hacer las adecuaciones mínimas en el apartamento, como la protección de puertas y ventanas para la seguridad del bebé, demoras que molestaban a Sophia pero ella tampoco generaba acciones, siendo una persona que los objetivos los alcanza, al proponerse algo no desistía ¿por qué no tomaba la decisión de mudarse? ¿por qué no consolidar eso si ya el apartamento lo tenía? ¿qué aspecto de la personalidad de Sophia la detenía?

Poco a poco fue adquiriendo muebles, televisores, entre otras cosas, pero aún existía inconformidad por parte de Sophia, los gastos eran asumidos por ella sin recibir palabras de reforzamiento, solo reclamos, quejas y comparaciones por parte de Jesús. Algún que otro comentario alusivo a temas exotéricos, brujería, o esa índole salía a relucir.

Como aún no se habían mudado a su apartamento, un día estando en el cuarto en casa de los padres de Sophia, Jesús le comenta a ella que se asome detrás de la puerta de la otra habitación y vea lo que hay, ella no tuvo necesidad de ir, ya que sabía lo que había, una escoba, para él eso era algo malo que estaba allí para hacerle algún daño, otra señal que ella no vio ya que le pareció ilógico lo que decía, explicándole Sophia.

- Mi mamá tiene varias escobas, una para limpiar la parte de abajo de la casa y esa que es para limpiar las otras áreas. Cosa que no lo convenció, ya que él tenía en su cabeza la idea de que era con alguna intención negativa hacia su persona.

Ya previamente, él emitía comentarios de molestias sobre las cosas que los padres de Sophia hacían, como por ejemplo, - tu papá no colabora, y tu mamá no está educando bien al bebé.

Hasta el momento Diego Alejandro no había ingresado a ningún colegio, ya que contaban con el apoyo de Alejandra. Igualmente Jesús no perdía oportunidad para realizar comparaciones con Amapola o Nelly, haciendo mención a lo buena ama de casa que son, indicando que Amapola limpia de determinada manera, que Nelly plancha y cocina como una experta, que ellas le pueden dar clases de cómo atender un hogar.

Ante todo eso, Sophia lo que hacía era encerrarse en sí misma, no compartía con nadie lo que estaba pasando, ni sobre la forma en que su esposo la trataba, ocultaba sus sentimientos, buscaba aparentar que todo estaba bien, no buscaba apoyo, la única forma en que liberaba sus emociones era llorando a escondidas. Ocultar era mejor que enfrentar.

Jesús generaba toxicidad con sus conductas, no brindaba apoyo en casa de los padres de Sophia, económicamente no contaba con recursos, poco a poco durante ese tiempo dejó de hablarles, ya no se integraba y la mayoría del tiempo la pasaba en el cuarto. Las pocas veces que salían era al parque o a casa de Amapola.

En una de esas visitas a la casa de Amapola, estando en la cocina Sophia preparando el alimento de su pequeño, Amapola entra e inicia una conversación de algún tema de salud, ella constantemente estaba enferma de alguna u otra dolencia, de forma regular asistía a médicos, que desde su óptica eran muy prestigiosos y los mejores en su área. Pero que por algún motivo no daban con un diagnóstico exacto o había cierta obsesión por el tema de enfermedades o inclusive de auto generárselas.

Dicho aspecto le llamó la atención a Sophia, las conversaciones giraban en torno a enfermedades, criticando la forma de comer de Jesús, generando comentarios de malestares que él ya debía tener, sólo entrar a la cocina le producía incomodidad ya que existía una mesa llena de medicamentos para diversas cosas, récipes colgados en la puerta de la alacena, horarios de consultas de diversos médicos de la ciudad, facturas de medicamentos, entre otros.

De repente, Amapola hace un comentario, le dice a Sophia.

- Cuando estuve casada con Darío, él pertenecía a un culto y todas las mañanas se colocaba una bata negra y hacía unos rezos, en una oportunidad había en el patio un pajarito, él lo agarró en sus manos y se murió.

Hecho curioso, que le empezó a generar ruido a Sophia, pero que aún no enlazaba con los comentarios anteriores que había hecho Jesús en diversos momentos. Culminando la conversación, entra Nelly y les indica que pasen a otra área ya que necesitaba limpiar, en eso notó que tanto Nelly como Amapola, tenían una simbiosis en la forma de actuar, de hablar y de hacer las cosas, eran como una sola persona.

Ambas obsesivas por la limpieza, todos los días tenían que realizar alguna labor de aseo en el hogar, para ellas no existen días libres, descanso, vacaciones o afines, cuando estas oportunidades se presentaban, lo que hacían era trabajar en casa, inclusive en contra de su propia salud, ya que de forma constante tienen malestares físicos parecidos a los de Jesús y cuando no estaban limpiando o trabajando, asistían a alguna consulta médica, ya que era otra de sus obsesiones.

Entrada la noche deciden cenar, pero curiosamente Amapola le dice a cada uno donde deben sentarse, ubicando a Sophia lejos de Jesús y con una cena diferente al resto, cuando ella le iba a dar a probar a Diego Alejandro, Amapola grita desde el otro extremo diciéndole, - no le des esa comida.

Al preguntar Sophia el por qué de su reacción, Amapola le indica, - el niño está muy pequeño y no debe recibir alimentos condimentados. Se levanta de la silla, carga a Diego Alejandro y se lo sienta en las piernas a Jesús. No pasó a mayores el incidente, pero ya le empezó a llamar la atención esas acciones en la casa de su esposo.

Era en esos momentos que Sophia se iba acercando a parte de la historia de la familia. Cuando culminó la cena, Sophia y Amapola se dirigen a la cocina, y Amapola le comenta que ella tuvo un matrimonio muy frustrante, en varias oportunidades evidenció infidelidades en su propia casa por parte del que era su esposo, pero lo dejaba pasar porque la imagen de ser divorciada era sinónimo de vergüenza. Tenía la habilidad de unir un tema con otro, en eso le indica:

- Sophia, me llama la atención que desde que Jesús vive contigo, él manifiesta muchos dolores estomacales, me ha dicho que come muchos sándwiches, comida precalentada y poco sana. Un día me dijo que le habías preparado una pasta sin salsas. Jesús está acostumbrado a comida tipo gourmet y no eso de comidas instantáneas ni mucho menos comer a deshoras, creo que debe hacerse un estudio completo, porque está muy obeso y puede ser propenso a la diabetes o inclusive a un infarto.

Escuchando todo eso Sophia, no comentó nada, tenía un rol muy sumiso ante esa familia, ¿por qué de ello? ¿era algo de personalidad? ¿era algo de autoestima? ¿por qué Sophia no reaccionaba? Cuando ella era fuerte, luchadora, inteligente y sabía que no había lógica en sus comentarios y aparte eran dañinos, nada constructivos. Tampoco compartía eso con su familia, nadie sabía lo que ella estaba pasando, por ello no podían apoyarla ni orientarla.

Igualmente esos mismos comentarios los recibía de Jesús, el día anterior durante el desayuno él le indicó que la comida no tenía sabor, que ella se alejara de la cocina porque no sabía cocinar, que conversaría con Amapola para que le diera clases de cómo hacerlo ya que ella es una experta en preparación de comidas. Ante esos comentarios Sophia tampoco decía nada. Escuchaba, callaba de molestia e impotencia pero ¿por qué no reaccionar?

ACERCÁNDOSE NAVIDAD:

Después de ya tener el apartamento amoblado y listo por habitar, gastos en su mayoría cubiertos por Sophia, un día llega de visita a la Ciudad Saiderith y motivado a que quería conocer el apto, Jesús decide que se quedarían por primera vez allí, después de casi tres años viviendo en casa de los padres de Amapola, fue esa la noche que empezaron a vivir los tres solos por primera vez, había mucha emoción en ambos pero también incertidumbre.

La rutina comenzaría a cambiar, asumir otros roles, la compra de suministros como alimentos y pago de servicios básicos, tomar decisiones propias del hogar, compartir en familia, entre otros. Sin embargo, la emoción de estar allí duro poco, económicamente Sophia estaba abrumada, eventualmente Jesús pagaba con sus tarjetas de crédito el mercado. Sin embargo, ¿cómo cubría esos pagos de las tarjetas sin un trabajo fijo? Sophia en eso no indagaba.

Al mudarse, el cuidado del bebé lo asumió solo Jesús mientras Sophia trabajaba, pero apenas el niño despertaba Jesús se iba con él a casa de Amapola, era allí que lo atendía en compañía de ella o de las hermanas. Cuando Sophia salía del trabajo se iba a la casa de Amapola y algún comentario negativo surgía, como por ejemplo: el niño tiene la ropa arrugada, no quiso comer, o la comida que le dejaste estaba sin sabor, estos comentarios eran frecuentes.

En casa de Sophia y Jesús el mercado permanecía prácticamente intacto ya que solo comía Sophia porque su esposo nunca lo hacía allí, más allá de un sándwiches que él mismo se preparaba. Un día en la noche Jesús le dice a su esposa que debido a que tienen poca agua potable él va a consumir unas gaseosas para no dejar sin agua al bebé. Cosa que no le generó mayor impacto a Sophia.

Para su sorpresa al día siguiente recibe una llamada de Amapola, quien muy molesta le dice.

- Me llamó Jesús diciéndome que tiene mucho malestar estomacal, ya estoy convencida que eso es por tu comida, o lo que le estás dando, debido a eso voy a mandar a un inspector a tu casa para que revise la comida que preparas porque desde que él vive contigo empezaron sus malestares. Sophia sorprendida e indignada busca explicar y manifestar su desagrado por el tono y la actitud de Amapola y ésta le tranca la llamada. Allí se dio cuenta que Jesús contaba en casa de su madre todas las cosas que ocurrían en su hogar, hasta detalles de la alimentación, claro a su versión, obvio!

Sophia busca comunicarse con Jesús para contarle lo ocurrido y éste le indica que su mamá solo está preocupada por él como una buena madre y que no cree que haya dicho lo del inspector, insinuando que esas son ideas de Sophia prácticamente la llama mentirosa. A partir de allí empiezan a surgir una serie de eventos que comenzaron a perturbarla.

De eso no conversaron posteriormente, como ya se acercaba navidad a los días deciden decorar el apartamento junto a su pequeño, quien emocionado con la decoración ayuda en la misma. Colocan música para ambientar el momento, sacan una enorme caja con un hermoso árbol dentro que habían comprado días previos en una salida a una tienda de navidad fuera de la ciudad, también unos santas así como velas y otros artículos, fue un momento especial en familia, la primera navidad en su propia casa. Allí deciden que pasarán la noche buena con la familia de Jesús y recibirán el año nuevo con la familia de Sophia.

El día anterior a la noche buena, se disponen a dormir, Sophia se acuesta con el pequeño en su cuarto, se quedaron los dos dormidos, de repente Jesús la despierta muy angustiado diciendo que se siente mal, no puede respirar, le palpita el corazón, le pide que despierte al niño y se vayan a una clínica. Sophia, decide no acompañarlo ya que muy internamente sabía que eran los mismos síntomas que sentía cuando estaba con la sensación de pánico, le indica que se vaya solo en el carro de Sophia, (esa sería la noche de navidad). Era la primera vez que Sophia no acompañaría a Jesús en una de sus sensaciones. ¿Por qué de eso?, ¿por qué dejarlo solo?, ¿cómo sabía que no sería algo mayor?

Jesús sale de la casa rumbo a una clínica, eran aproximadamente las 4 am, durante ese recorrido al centro hospitalario de unos 15 minutos, Sophia lo tiene vía telefónica haciendo seguimiento, él le dice que está frente a la clínica, que va a estar allí unos minutos pero que se siente más tranquilo, que está el vigilante cerca y cualquier cosa le avisa. Sophia, insiste en que entre y solicite lo revise un médico para estar más tranquilos, él accede y allí se pierde el contacto. Durante un rato Sophia recuerda un momento en el noviazgo donde Jesús le manifestó que uno de sus mayores temores era tener una situación de pánico y verse solo. Ese momento se presentó, tuvo que irse a la clínica completamente solo. Lo dejó ir porque en el fondo sabía que no era algo físico lo que tenía sino emocional.

No teniendo contacto con su esposo, Sophia llama a Nelly, le indica de la situación y ella se va a la clínica junto a Amapola. Al rato Nelly llama a Sophia diciéndole que se encuentra en la vigilancia del edificio para entregarle el carro por solicitud de Jesús. Al verla, Sophia notó mucha molestia e incomodidad de su parte, no le dieron detalles de Jesús. En ese momento ella sintió que hizo mal al no ir con él, sentimientos de culpa y vergüenza arribaron su cuerpo. Ambas familias al saber de lo ocurrido reprocharon la conducta de Sophia, sin embargo, la familia de ella no sabía de los antecedentes previos y todo lo que callaba por aparentar que su matrimonio era normal.

Dada esa situación se puede decir que Sophia se cansó, de constantemente estarlo acompañando a las puertas de las clínicas, a su temor por cualquier acción, fue la manera de demostrar que todo era más mental y que no había ningún hecho a nivel corporal.

A horas del mediodía retorna Jesús, diciendo que se sentía mucho mejor, que los doctores descartaron infarto y todos los exámenes salieron bien. Pensó Sophia, - no es más que la manifestación del pánico, se presentó por el hecho de ya tener que asumir su rol en el hogar sin la protección de los padres. Inicia un nuevo año y eso lleva a compromisos y responsabilidades.

Esa tarde estuvieron tranquilos en casa, se vistieron y se prepararon para recibir la navidad en casa de Amapola, al llegar allí no era de extrañar encontrar una casa decorada como película de navidad, no había rincón donde no existiera un detalle, peluche o arreglo navideño, parecía la casa de Santa Claus. Todos alrededor de Jesús preguntando sobre su salud y emitiendo comentarios sobre la actitud de Sophia, lo cual hizo que la velada se tornara tensa para ella.

La tía Diuna estaba presente en la cena, ella aprovecha que están a solas y le comenta a Sophia.

- Las mujeres de la familia deben dedicarse a los hombres, estar pendiente de todos sus detalles desde los calcetines limpios y blancos hasta los medicamentos, yo al mío no lo dejo comer cosas que sé le harán daño, de su comida me hago responsable así como de su salud.

Culminó de conversar, dio un giro y se retira al área de la cocina. Nelly apenas conversó en la cena, su cara era de molestia, y en voz alta dice. - ¿cómo lo pudo dejar solo? si hubiese estado aquí todas lo acompañamos, nadie puede atenderlo, cuidarlo y protegerlo como yo.

Pasada la noche, Jesús se sentía muy cómodo en su ambiente, esas actitudes nunca se notaron cuando estaba con Sophia, era el centro de atención en el hogar más que el propio Diego Alejandro a pesar de ser el único niño en la familia. Por la hora, deciden quedarse durmiendo allí, en el cuarto de Amapola, una habitación amplia con una cama muy grande, unos ventanales que abarcan toda la pared y cubiertos por una cortina totalmente roja, el espejo lleno de frases algo extrañas, detrás de las ventanas existía una habitación que jamás había visitado Sophia, con puertas nunca abiertas.

Estando ya Sophia con Jesús y el bebé en el cuarto, alrededor de las 2 am, luego de una muy particular cena y día, ya acostados en esa inmensa cama, de repente la puerta se abre y Amapola se acerca a los pies de la cama y le dice a Jesús que se ponga el pijama para dormir y se cepille los dientes, cosa a la que hace caso omiso, le repite nuevamente eso, así que Jesús decide retirarse del cuarto e irse al sofá. Esa escena dejó impactada a Sophia, ¿cómo se le ocurre a la mamá decirle a Jesús eso, ni que tuviese 4 años, qué tipo de control es ése?. Jesús decidió pasar la noche en el sofá y Amapola insistiendo en que se cambiara de ropa y se colocara la cobija para que el frío no le entre en los huesos ya que pasar la noche sin arroparse puede producirle osteoporosis. ¿De dónde saca Amapola que dicha enfermedad se produce por no arroparse?

Deseosa que pasara la noche, Sophia despierta dos horas después para ir al baño principal, y al retornar al cuarto debe pasar por esas paredes de piedra tenebrosas que hay en el pasillo, sube la mirada y observa algo extraño en una de las piedras, era un rostro que se reflejaba, con tono rojizo y amarillo, lo que le generó mucho escalofrío, angustia y susto lo que hizo que saliera corriendo para el cuarto junto a su hijo. En la mañana se despierta para preparar el alimento del niño y se consigue a Amapola con el desayuno. Ya todos despiertos, deciden ir al comedor, Sophia sorprendida cuando vio que su comida era diferente a las de los demás. ¿Por qué de esto otra vez? No quiso preguntar ya que le parecía poco educado indagar porqué su comida era distinta. Culmina el desayuno y deciden visitar a la familia de Sophia. No hizo mención a lo visto en la madrugada en la pared. Pensó que se burlarían de ella.

Estando en casa de los padres de Sophia, en el patio se escucha un sonido muy fuerte, corre y se da cuenta que es Jesús, se dio un golpe en la cabeza con la pared de la sala al intentar acostarse en el mueble principal. En ese momento Jesús molesto, tanto por lo ocurrido el día anterior y ahora este evento, deciden irse a su hogar. Ya llegada la noche, cenan, el bebé duerme, Jesús en su cuarto viendo películas, suena el teléfono y es Alejandra llamando para saber cómo estaba Jesús después del golpe.

El teléfono queda ubicado en un mueble que se encuentra detrás del árbol de navidad, allí hay un sillón donde Sophia se sienta cómoda para hablar con su mamá, desde allí solo se ve el árbol y el reflejo de la cocina. Luego de 20 minutos de conversación, cuelga la llamada, Jesús se acerca y le pregunta ¿quién era? - Estabas escondida hablando, no pude verte, necesito que el teléfono se ubique en otro lado para que no estés hablando a escondidas. Ese aspecto le molestó a Sophia, ya que no entendía la reacción de él. Pero igualmente otro evento más que pasó de largo sin conversar sobre el mismo. Haciéndose como rutinario esta conducta.

Considerando que era la época más emocionante del año, al día siguiente inician los preparativos para viajar a la ciudad natal de Sophia, para recibir el año nuevo en un lugar cálido, hermoso, rodeado de bellas playas, ¿qué mejor que recibir el año en el mar?. Stephany (la hija menor de Josefin) vivía con su esposo Cristopher, en una costa privada y privilegiada. Es así como Francisco, Alejandra, Alex y su familia, Jesús, Diego Alejandro y Sophia, recorren tres horas de carretera rumbo a la casa de playa.

Al llegar a casa de Stephany, Jesús comenta que se siente mal, le duele la cabeza, siente oprimido el pecho. Todos pensaron que podría ser producto del viaje y del golpe que se había dado. Sus manifestaciones se hicieron tan intensas que Sophia y Jesús se van a una clínica el 29 de diciembre, entran a emergencia, le realizan una serie de exámenes de laboratorio, le hacen radiografías en la cabeza y el especialista no consigue nada, solo le indica tratamiento asociado a vitaminas y para el dolor de cabeza debido al golpe. Sin embargo, él insistía en que se sentía mal. Sophia decide que regresen a casa de Stephany y descansen y así fue.

Los días siguientes fueron diferentes, Jesús no manifestó ninguna molestia, compartió con la familia, pasearon por diversos sitios de la localidad disfrutando de lo paradisiaco del lugar, todos emocionados compartiendo en familia, Sophia tenia mucho tiempo que no estaba con todos juntos, principalmente con Josefin, Caroline, Stephany y esposo.

Diego Alejandro vivió unos días de emoción al lado del mar, momentos que quedan en el recuerdo como alegrías. Estando en la playa, se escucha sonar un teléfono y era Amapola, algo molesta porque su hijo no la había contactado, ella había llamado a los diversos celulares de la familia y nadie contestaba, sin embargo, Jesús no quiso conversar con ella.

Llega el último día del año, todos se preparan en casa para recibir el nuevo año, un ambiente de alegría, cada quien colaborando para la decoración de la mesa, preparación de la cena, sin embargo, había algo que le decía a Sophia que esa sería la última vez junto a Jesús en esa casa. Así se inicia el año nuevo.

EL DESENLACE

El 3 de enero retornan a su casa, luego de dejar las maletas, comer y cambiarse, se van a casa de Amapola a visitar a la familia, al llegar estaban las tres limpiando como de costumbre, al verlos reciben al bebé con besos y comienzan a conversar sobre lo que hicieron esos días. Entre una y otra conversación Nadia nota algo en los brazos de Jesús, unos morados, él le comenta que estuvo en la clínica porque se había sentido mal y le realizaron una serie de exámenes de sangre. Allí, se reactivan las tres muy molestas indicando que ellas no se habían enterado, que debieron regresar ya que puede ser que Jesús tenga un hematoma en la cabeza y requiera algún tipo de intervención y tratamiento, a lo que Sophia les indica que el especialista señaló que Jesús no tenía nada, sin embargo, ellas no escuchaban, seguían molestas y consternadas porque consideran que corrió un grave riesgo estando lejos de su propia familia.

Amapola se levanta de su poltrona indicándole a Jesús, - debes entender que nosotras tres somos tu única familia, que solo nosotras podemos cuidarte y velar por tu salud. En eso, él decide retirarse con su esposa e hijos a su apartamento. Sin imaginarse lo que vendría posteriormente, de ese incidente no comentaron nada, seguían sin conversar sobre esos aspectos que les pasaban a ambos y que molestaban sobre todo a Sophia.

A la mañana siguiente... Jesús le dice a Sophia, que necesita caminar, que se siente ahogado, con falta de respiración, que salieran y fueran a un parque cerca, a eso de las 8am, deciden caminar alrededor del lugar.

Esa misma situación ocurrió los siguientes dos días, los mismos malestares, las mismas reacciones y salida al parque. El día miércoles en la madrugada, el niño se despierta llorando, Sophia lo siente raro ya que no es el llanto regular que suele tener, por lo que deciden irse a una clínica cercana, en ese momento el doctor, señala que hay una situación intestinal e inician el tratamiento. A las horas, ya el niño estaba calmado, le dan de alta pero a los pocos minutos Sophia se da cuenta que Diego Alejandro está muy caliente, por lo que regresa a la sala de enfermeras, efectivamente, tenía fiebre, no les permiten salir de la clínica y allí permanecieron hasta la madrugada, la doctora les indica que deben quedarse para observación pero que ya se había bajado el cuadro febril. Sophia consulta sobre la posibilidad de retirarse ya que el niño estaría mejor en casa, a lo que accede la doctora indicándole ciertas pautas a seguir, considerando la hora, alrededor de la 1 am, prefieren irse a casa de Amapola dada la cercanía.

Estando ya en la vivienda, Amapola empieza a tener conductas controladoras, quería ser ella la encargada del niño, de sus medicamentos, la comida, restándole el rol a Sophia como madre. Sorprendentemente al día siguiente nadie fue a trabajar, en uno de esos momentos, Sophia le indica a Jesús que regresaran a su casa, negándose él a esto. Definitivamente Jesús estaba en su espacio de confort, con la mamá que lo atendiera, las hermanas que cubrieran los gastos, su hijo y esposa, era lo que él deseaba. Tener todas a su alrededor atendiéndolo.

A media mañana ya el niño se sentía mejor, desayunaba más completo y no retornó la fiebre, ¿si todo estaba mejor porque no regresar a su propio hogar?, ¿qué razón había para seguir estando en esa casa? eso no lo comprendía ella. Allí se evidencia su falta de seguridad, su baja capacidad para la toma de decisiones o de hacer valer sus derechos, se dejó dominar por la familia.

Jesús decide salir, haciendo caso omiso a la solicitud de su esposa de retornar a casa. Esa mañana tanto Amapola como sus dos hijas, deciden qué y cómo hacer las cosas con el niño, desplazando a la madre, estando todo el día vigilando y observando cada movimiento que ella hacía.

Sophia no había podido tener contacto con su familia, el teléfono sin batería y cuando solicitaba que le prestaran uno, no había respuesta por parte de las hermanas ni de la made de Jesús.

Como a las 4 de la tarde, suena el timbre, eran los padres de Sophia, quienes preocupados deciden acercarse a la casa de Amapola.

Al principio fueron bien recibidos por ella, pero limitaron el acceso al niño quien poco pudo compartir con esos abuelos con los que creció y existe un apego y cariño indescriptible. En una de esas Sophia escucha que están hablando de hacerle un ensalme al niño, cosa que le asombró, porque sorprendentemente vino de Amapola. ¿Cómo alguien que es tan católico va a estar hablando de esos temas?. La visita fue corta, la conversación también, al rato se van los padres de Sophia ya que Amapola les indica que el niño debe descansar.

La tarde de ese viernes trascurrió tranquila, entrada la noche llega Jesús, fue atendido por su madre y hermanas, tal como a él le gusta. Estando en el cuarto, Sophia le comenta que recién se había acordado que en su carro dejó un alimento del niño que guardaron al salir de la casa cuando fueron a la clínica, eso generó mucha molestia en Jesús, quien sin medir palabras le grita diciéndole que es una olvidadiza, desordenada e irresponsable, cómo se le había olvidado eso. Al mismo instante se escucha una voz que sale desde la cocina, gritos por parte de Nelly diciendo que ellos no se preocupan por el niño, que aprendan a ser padres.

¿Cómo una persona que no tiene hijos puede indicar eso, tener el atrevimiento de meterse en la vida de ellos, de gritarles e irrespetarlos, en dónde quedó la educación de la que tanto hablan? ¿Cómo Jesús grita a su esposa? Y más sabiendo la situación de emergencia por la que pasaron.

Fue una noche intensa, Sophia con su molestia y ganas de irse a su casa, Nadia empieza con malestares estomacales, Jesús con dolores de cabeza, Nelly decide quedarse la noche despierta cuidando a todos en casa sin dormir. Típica conducta de una persona controladora.

Al día siguiente era sábado, se despierta Sophia muy temprano, prepara sus cosas, alista al bebé y cuando Jesús se da cuenta, esta lista para irse, eran alrededor de las 7am. Aún las hermanas y mamá dormían, momento en el que aprovechó para salir de esa casa, además era su carro el que estaba allí ya que Jesús no tenía vehículo.

Los tres se dirigen rumbo a la casa de los padres de Sophia ya que ese día Jesús debía dar clases en una universidad cercana, gracias a que semanas previas Sophia le había conseguido esa oportunidad. Al llegar a casa, ella sintió mucha tranquilidad, pasa la mañana más animada y el niño sin ningún tipo de malestar, se dio cuenta que el ánimo de Diego Alejandro era diferente, estaba más contento y comió como de costumbre, esa noche duermen allí. ¿Pero por qué si tienen su propia casa no se van, por qué la dificultad de ambos para despegarse de sus núcleos familiares?

El domingo, Jesús despierta molesto, con mala cara, decide llamar a su hermana para que lo busque y al poco rato se va sin decir mayores palabras.

Para Sophia no era extraño que no estuviera con ella, era más el tiempo que pasaba con sus hermanas y madre que con ella y su hijo.

Llega el lunes 13 de enero, cuando alrededor de las 8 de la mañana Sophia recibe una llamada de Jesús diciéndole que se encontraba en el apartamento, que él visitaría a algunos médicos considerando los malestares que había tenido días previos, por ello decidió recoger algunas cosas e irse por unos días a casa de su mamá.

Así fue, y a partir de ese momento inicia una secuencia de eventos inimaginables para Sophia, comienza a tener menor contacto con Jesús, él no respondía las llamadas ni mensajes, durante esa semana sólo escribía para saber del niño, pero no daba ningún tipo de información sobre él o su salud, cuando Sophia le preguntaba sobre sus visitas a los especialistas no había respuestas de su parte.

Con las hermanas era igual, o no respondían o evadían diciendo que todo estaba bien, así transcurrió una semana, hasta que el 19 de enero Sophia le dice a Alejandra que la acompañe al apartamento ya que habían cosas que no recordaba como estaban debido a que tenían varios días fuera, al llegar, Alejandra se da cuenta que habían muchos insectos en el mismo, pero la sorpresa mayor fue cuando evidenciaron que en la sala, cuartos y cocina, habían cientos de moscas pegadas a los ventanales por la parte de adentro de la casa, intrigada, Sophia inicia un proceso para sacar las moscas y lavar las ventanas, pero antes le escribe a Jesús indicándole lo ocurrido, para que se acercara. Pero no hubo respuesta de su parte.

Luego de limpiar, empiezan sus preguntas ¿cómo pasó eso?, no hay nada en casa dañado que pudiese generar tal cantidad de esos animales, adicional todas las ventanas estaban cerradas por lo que era imposible que entraran por allí, no existían alimentos descompuestos y en el refrigerador todo estaba congelado. ¿Qué paso allí, que ocurrió?

A eso de las 5 pm se escucha la puerta de la sala y era Jesús, su expresión en el rostro le dio temor a Sophia. Lo que género que decidiera que era hora de salir corriendo de su propio hogar, al abrir la puerta siente una sensación que le indica que esa sería la última vez que estarían los tres allí.

Para lo ocurrido en el apartamento no tenía explicación, tanto ella como Alejandra, sorprendidas, conversaron con Josefin vía telefónica quien también estaba consternada.

Durante esa semana la situación con Jesús seguía igual, así que ella decide visitar a aquel psiquiatra que conoció años atrás, llama y solicita una cita, la secretaria le indica que ese día había un espacio a las 4 de la tarde. Faltaban varias horas y se prepara para ir. Era una tarde muy soleada, calurosa y con mucho movimiento en la calle. Al llegar al consultorio, esperó por unos minutos, indaga con la secretaria si Jesús había asistido recientemente, pero no existían reportes de visitas en los últimos meses.

Llega la hora e ingresa a donde el doctor, quien no se sorprendió al verla indicándole:

- Sabía que volveríamos a vernos, ¿qué te trae por aquí?.

Sophia le cuenta lo ocurrido en los últimos meses, a lo que él le indica:

- Jesús a retornado a su núcleo del que nunca se despegó, forma parte de una familia disfuncional, donde todas las que integran la misma lo que desean es controlar a las figuras masculinas, a Jesús y su padre, manipulándolo, inclusive capaces de transformar la realidad, donde las líderes son las mujeres desvalorizando a los hombres. Yo sabía que tu vida allí sería de tormenta y ahora es que inicia tu verdadera historia. Jesús a involucionado, en cuanto a lo que había avanzado en cuanto a independencia, logró romper con los esquemas familiares sobre el matrimonio o lo malo que es vivir en pareja, cosa que le inculcó su madre. Tú formas parte de una familia que nunca aceptará la presencia de un tercero, representas una rival para la hermana y para la madre, eres la persona que intentó robarle a su hijo. Retornando él a casa es considerado para ellas tu derrota. Pero en realidad es la derrota de Jesús, quien no tiene la fortaleza ni la voluntad para decidir por sí solo. Lo único que puedo decirte es que te cuides, ya que conocerás verdaderamente a la familia con quien estás emparentada. No me correspondía a mí informarte, debías verlo por ti misma.

- Por su parte, Amapola se caracteriza por ser hipocondríaca, una persona que ve enfermedades donde no existen, se las crea y hace creer a los demás que pueden estar enfermos. Por ello tiene años visitando médicos sin tener resultados de alguna dolencia. Es una mujer rencorosa, que no les dio herramientas a sus hijos para ser felices, es el tipo de mamá que no quiere que ellos salgan del nido por temor a verse sola. Les infundió miedo, principalmente en Jesús, protegiéndolo desde que nació.

- Nelly se convirtió en una mujer solitaria, orientada a tener el poder y control en el hogar, es la que busca rescatar y sobreproteger. Creció creyendo que el matrimonio es dañino, que los hombres son malos y que son las mujeres quienes deben ser autosuficientes y las que provean en el hogar. Ella dejó de vivir su vida para vivir protegiendo, justificando y resguardando a Jesús y Darío. En el fondo, una persona frustrada, sin proyección de una vida futura ni menos de crear su propio hogar, buscando satisfacer su necesidad de madre cuidando a esos dos hombres.

- Nadia, es quizás la más sana de todas, su única frustración es no poder tener esa vida de lujos y de riqueza con la que se crió, sin embargo, también marcada por el fracaso del matrimonio de sus padres, por lo que tampoco consolidará una vida en pareja.

- En relación a la religión de Darío, es preferible que no indagues en aguas profundas, ya con lo que tienes es más que suficiente, deja muy lejos de ti lo que hizo Darío en su pasado, hay cosas que es mejor dejarlas enterradas por tu seguridad.

Con respecto a las moscas, él le comenta: - Esa familia, aunque se la da de religiosa y católica, tienen doble moral, por un lado creen fanáticamente en Dios pero por otro generan malicia, no dudo que Amapola esté acudiendo a brujos.

Al escuchar todo eso, Sophia sintió una mezcla extraña de emociones, quien sin saber que va a pasar de allí en adelante, solo pensaba en su matrimonio y en lo que ella se había proyectado tener, su familia. Decide llamar a sus padres, sin hacer mayor comentario, les pide que se acerquen a la casa de Amapola con el niño para que él pueda ver a su papá, ya que durante una semana no habían tenido contacto.

Como a la hora, todos llegan a la casa de Amapola, quien muy extrañada los recibe, Jesús estaba sin camisa, al verlos hace una reacción de molestia. Estaban él, Amapola y Nadia. Allí Sophia muy nerviosa, le indica que estaban en la casa para saber de la salud de Jesús, ya que él había perdido el contacto con ella y con su hijo. Él no decía nada, solo se le veía su malestar, es Amapola quien responde indicando.

- La salud de Jesús se encuentra muy mal, se ha incrementado desde que vive contigo Sophia, él está de reposo absoluto y no puede estar escribiendo mensajes o recibiendo llamadas de nadie. Recalcando que lo dejaran en paz mientras se recupera.

Jesús le indica que necesita tiempo ya que considera que debe evaluar su relación, que su vida con Sophia ha sido un tormento así como haber vivido en casa de sus suegros, unos padres que los desvaloraron, que irrumpieron en todo momento en su relación de pareja, siendo frustrante porque nunca sintió apoyo de parte de Sophia. Quedando ella muy consternada con lo escuchado.

En eso Amapola le dice a Alejandra que salgan al jardín para conversar, a los pocos segundos, se escuchan uno gritos y eran ambas madres, Amapola le estaba diciendo a Alejandra, que era una manipuladora, que estaba mal poniendo al niño en contra de Jesús, que había que tener cuidado con ella porque hacía brujerías. Eso alteró a todos, Amapola entra a la sala y se desahogó.

- Mi hijo se ve afectado de salud desde que está con Sophia, estoy segura que a la hora que le preparaba la comida o almuerzo para llevar a su trabajo algo le colocaba, no pongo en duda que tanto tú Sophia como tu madre hacen brujerías y con eso querían dañar a Jesús. Sophia, sabes el cargo que ocupo en la corte y solo con hacer una llamada puedo quitarte a Diego Alejandro, yo me conozco a todo el mundo en el juzgado por ser abogado. Puedo solicitar la custodia, adicional que soy experta preparando testigos falsos, ya que muchas veces gano casos haciendo eso.

Ante esa declaratoria, Sophia, no sabía que decir, estaba totalmente muda, internamente se sentía devastada, decepcionada, era como si el mundo se le derrumbaba en sus pies, eran una familia que desconocían totalmente.

Un momento muy intenso, para no generar más discusión Sophia y su familia deciden marcharse sin hacer mayores comentarios o manifestado su molestia por lo escuchado, no sin antes decirles que ellos son una persona de bien, que le brindaron el apoyo a ambos cuando lo requirieron y Jesús no ha demostrado agradecimiento alguno.

Todos sorprendidos por esa situación, llegan a casa llenos de molestia, no comprendiendo la reacción de esa familia y desconociendo a la persona con la que habían compartido por muchos años, Jesús era alguien totalmente distinto, de quien Sophia se enamoró.

A partir de allí, comenzaron las relaciones entre Sophia y Jesús muy intensas, él seguía sin responder a los mensajes o llamadas, ella sin saber qué hacer, a su vez angustiada por las amenazas de Amapola por ello decide refugiarse en casa de sus padres y no retornar a su hogar, sentía miedo hasta de estar allí.

Sorpresivamente, Sophia recibe una llamada de Jesús el día jueves de la semana en curso, ella estaba en su trabajo cuando esto ocurre, él le indica que necesitan conversar, que requiere verla el día sábado a eso de las 5pm en un parque cerca de la casa de los padres de ella.

Llega ese día, suena el timbre de la casa, era Jesús con Amapola y Nelly, todos se dirigen al parque, mientras entretenían al niño, ellos empezaron a conversar. Él le decía que se había sentido muy mal por la visita de ella y su familia, que se sintieron vulnerados y atacados, sobre todo por la reacción de Alejandra.

- Necesito tiempo para pensar, le indica Jesús, en estos momentos no me visualizo viviendo contigo nuevamente, tu familia dañó la relación, por las intromisiones de todos. Siento que tu mamá le hace daño al niño por hablarle mal de mí, no es el medio adecuado para Diego Alejandro.

Sophia, escuchando todo eso, sin decir una palabra, no podía creer lo que estaba pasando. Alejandra había sido quien crio a sus hijos, a la mayoría de los nietos y hasta primos, hoy siendo todos personas graduadas, saludables, estables y felices. ¿Porque sería distinto con Diego Alejandro? ¿Qué hizo que el pensara que ella era mala? Solo le dijo que su familia no era responsable de nada, al contrario, siempre lo apoyaron y desde un principio le dieron apertura en su hogar, lo cual no ocurrió con la familia de él.

¿Por qué Sophia no aprovechó de decirle lo que pensaba?, ¿refutar las cosas que estaba Jesús diciendo?, ¿por qué permaneció en silencio, su personalidad o temor a Jesús?

Lo único que acordaron fue seguir separados por un tiempo. Culminó la conversación, cada uno se fue a sus respectivos núcleos paternos.

A los pocos días, se presentó una situación en el país, disturbios en diversos sitios por temas políticos, lo que imposibilitaba estar en la calle, la gente debía resguardarse en casa, habían zonas con tensión policial y militar, eso duró aproximadamente tres meses, durante ese tiempo las conversaciones que tenía Jesús con Sophia eran más intensas, disfuncionales, a Jesús se le disparó la ansiedad, el miedo, la necesidad de mantenerse refugiado, ello lo trasmitía a través de sus mensajes, en los cuales le indicaban a Sophia que se resguardara en casa, que no saliera ni se asomara por las ventanas, proyectándose como si el mundo se iba acabar.

En donde viven los padres de Sophia es un lugar seguro y aunque estaba limitado el acceso había mucha tranquilidad, caso contrario a donde vive la familia de Jesús, ubicada en una buena zona pero donde hay muchas vías principales, siendo una calle crucial para situaciones de conflicto, por lo que era más usual escuchar detonaciones, trancas, limitantes para el traslado peatonal o vehicular, tanto así que la casa de Amapola salió reflejada en prensa ya que está cerca de un supermarket y el mismo fue producto de saqueos.

Todos los mensajes de Jesús hacían mención a cuidados, protección, vigilancia, manifestaba algunas veces que había llorado por no estar cerca del niño en esos momentos, pero por otro lado haciendo alusión a que Sophia y su familia eran los responsables de la ruptura de la relación, mensajes ambivalentes que escribía en cortos espacios de tiempo.

Calmado un poco el país, ya con el ritmo habitual en las calles, sobre todo hacia el lugar de residencia de los padres de Sophia, Francisco les comenta para salir a despejarse un poco y van a comer a un centro de comida rápida, pero antes de salir Sophia recibe la llamada de Jesús indicándole que quería ver al niño. Ella le comenta en donde estarán. Llegan ambos carros al mismo tiempo, la sorpresa para Sophia es que Jesús estaba con su mamá, hermanas y el papá. Muy molesto porque Sophia había sacado al niño no considerando la inseguridad del país, que no debían estar en las calles, entre otras cosas. Solo ve a niño por escasos 10 minutos, su rabia no le permitió pasar más tiempo, desde esa reunión en casa de Amapola, no se habían visto, fue un momento tenso, donde la familia de Jesús se mantuvo dentro del vehículo no teniendo la delicadeza de acercarse al pequeño Diego Alejandro.

Se van Jesús y su familia, y al poco rato comenzó a recibir Sophia mensajes de él, los mismos se iban haciendo más intensos, algunos hacían mención a que ella era una mala madre, que no se daba cuenta del daño que le hacía ella a él y al niño, no comprende como su familia había generado la ruptura de la relación.

Desde que Jesús se fue a vivir a casa de Amapola nunca está solo, la hermana, mamá o papá siempre andan con él.

LA INTROMISIÓN

Han sido días muy intensos por los mensajes y comunicaciones que ha tenido con Jesús, durante esos meses Sophia estuvo en casa de sus padres, eventualmente iba al apartamento solo por revisar y llevar alguna cosas, pero no para quedarse, mas podía su temor a estar sola.

Hablando con Josefin, viernes en la noche, ella le recomienda que regrese a su casa, que pase aunque sea una noche, le indica que ese apartamento es parte de su vida y mucho esfuerzo le había costado.

Sophia decide retornar a su apartamento, regresar y recordar que no fueron momentos agradables allí, ese primer fin de semana fue angustioso, casi no durmió por temor a que se apareciera Jesús de repente, considerando que él tenía las llaves del mismo, sentía miedo si se enteraba que ellos estaban allí solos, hasta cierto punto su instrucción había sido que se quedara en casa de sus padre. A lo largo de la relación, él había infundido angustia en ella, generó algún tipo de manipulación psicológica teniendo el control de sus emociones. Así trascurrieron esos dos días, Jesús nunca se enteró, pero fue la apertura para que Sophia decidiera asumir una parte de su vida sin su presencia.

El siguiente fin de semana, Jesús decide que su hijo pase el día con él, llama a Sophia y le indica que quiere ver a su hijo, y cuadra pasarlo buscando alrededor de las 9 am, fue angustiante para Sophia esa llamada, sobre todo conociendo ya el entorno familiar, le daba temor inclusive que no le devolvieran al niño en la noche, solo le pedía a Dios que lo protegiera de cualquier situación. A eso de las 9:30 am llega Jesús a casa de los padres de Sophia, con toda su familia a buscar a Diego Alejandro, en un principio él no quería ir hasta que lo convencieron y se fue, Sophia sintió que parte de ella se había ido desprotegido, sin embargo, confió en que retornaría a casa.

Durante ese día Sophia no sabia que hacer, primera vez que estaba sin su hijo, así que busco entretenerse con temas de trabajo, pero con una gran sensación de angustia, por su parte Diego Alejandro, paso el día entero en casa de Amapola, no realizaron ninguna actividad recreativa, solo encerrados en casa. A eso de las 7 de la noche llega el niño a donde Sophia, la actitud de él era diferente, estaba de mal humor, inapetente, con cierta molestia. Sophia logró calmarlo, sin embargo, durmió la noche intranquilo. Así fueron los siguientes fines de semana.

Pero esas salidas eran sin programación previa, Jesús llama a cualquier hora del sábado o domingo pretendiendo ver a su hijo, sin avisar con anticipación, Sophia suele tener siempre actividades que hacer con Diego Alejandro, cuando ella le indica que ya tiene planes y que debe avisar con tiempo, Jesús le responde que ella busca controlar la vida de Diego, tomar decisiones con la finalidad de hacerle daño tanto a él como a su hijo, uno de esos mensajes indica que Dios la perdone por tanta maldad en su corazón. ¿Hasta qué punto es su rabia, dolor o suposiciones, como para llegar a pensar y creer que ella hace cosas para perjudicarlo?

De esos mensajes Sophia recibe varios a la semana, en uno de tantos días, Jesús la llama indicándole que fue a pagar el recibo de luz y se encuentra que hay una notificación de restablecimiento de corte de gas en el apartamento, a lo que Sophia responde que ella vio un recibo y pagó la deuda pendiente ya que ella y el niño están viviendo en el apartamento y necesitan contar con todos los servicios, fue a partir de ese momento que Jesús se entera que están allí, al Sophia darse cuenta de que le informó se incrementó su temor, inclusive llegó a pensar que podía hacer algo en contra de ella.

Él muy molesto porque ella pagó el servicio, le indica.

- Ya veo que te quieres quedar con el apartamento. E inicia con una serie de insultos hacia ella, al oír todo esto Sophia decide colgarle la llamada. Ese día recibió en su celular un total de 168 llamadas perdidas por parte de él así como mensajes donde le solicitaba lo atendiera. A eso de las 6pm ella decide atenderlo e inmediatamente él le indica que quiere hablarle en persona porque tiene la necesidad de decirle todas las cosas que piensa de ella como mujer, como madre y el daño que le ha hecho, siendo la culpable de todo lo ocurrido, escuchando esa conversación Sophia le indica que no asistirá a un encuentro con él si ese es el objetivo, colgándole la llamada. Motivo para que Jesús estallara por mensajería de texto. Por allí descarga toda la rabia que siente hacia ella y los sentimientos negativos.

Al día siguiente, Sophia decide ubicar a un amigo que labora en el área de atención a la mujer, le comenta sobre el evento del día anterior, recibiendo como recomendación que acuse a Jesús en los organismos correspondientes por amenazarla e intimidarla y que no acuda a la cita con él al menos que ella esté acompañada. Ella decide no generar ninguna acción en contra de él, sabiendo que Amapola y Nelly son abogados y sobre todo pensando que él es el padre de su amado hijo.

Igualmente, Sophia visita nuevamente al psiquiatra quien le recomienda grabar a partir de ese momento todas las conversaciones que tenga con él, e iniciar los trámites de separación ya que él no se recuperará del mundo en donde se encuentra, menos aun formando parte de esa familia.

Los eventos incómodos, insinuaciones por parte de Jesús y de la familia hacia Sophia siguen estando presentes, recibe mensajes donde le indica que ella debe tener más de un amante, que nunca lo comprendió ni ayudó, que hace cualquier cosa con tal de dañarlo y perjudicarlo. Desde aquel el 13 de enero Jesús nunca está solo, por lo general Nelly anda siempre con él, acompañándolo inclusive hasta a las consultas médicas que tenía el niño, el nivel de dependencia y control que existe entre ambos no es normal.

Ese mismo año Diego Alejandro entraría al colegio, Sophia había buscado un par opciones pero su mente estaba tratando de organizar todo lo que estaba pasando en su vida, de comprender como en un abrir y cerrar de ojos, ya no tenía un esposo ni ese hogar con el que había soñado. Realmente nunca lo tuvo, todo estaba en su imaginación e ilusión, ya que el hogar que siempre imagino no era así en la realidad.

 Después de muchísimos intentos por parte de Jesús de que su hijo estudiara en el mismo colegio donde él estuvo, y a pesar de vanagloriarse de conocer a todas las personas que laboran en el mismo así como a los directores, fue casi un mes después de haberse iniciado las clases, que le confirman el ingreso del niño.

Eso implicó que ambos padres se activaran en compra de uniformes y útiles escolares, cada quien por su lado considerando que el trato continuaba igual entre ellos. Llega el primer día de clases de Diego Alejandro, Sophia la noche anterior había hablado con su pequeño sobre la bonita experiencia que comenzaría a vivir, se acerca con él a su espacio escolar, estaba Jesús con Nelly, se queda el pequeño llorando por ser su primer evento de separación de su mamá, sin embargo, su adaptación fue rápida y bonita.

Al mes de estar ya integrado, ocurre un suceso. Sophia se encontraba en una reunión gerencial cuando escucha uno de sus teléfonos sonar, al atender, la llamada se cae la misma, se da cuenta que es del colegio, muy angustiada llama y le indican que Diego Alejandro se siente mal, que ya se comunicaron con Jesús, el cual indicó que llegaría a buscarlo, a lo que ella solicita que la esperen. La casa de Amapola queda a escasos 10 minutos del colegio, por lo que era lógico que llegara el primero.

Sophia se retira de la reunión e intenta localizar a Jesús, siendo imposible la comunicación, llega ella al colegio, busca al niño y se da cuenta que Jesús no está, ya Sophia esta con su pequeño en el carro, se aparece Nadia y a los pocos segundos Jesús con Nelly. Sorpresa para Sophia e interrogantes ¿cómo se enteraron ellas? y Sophia en ningún momento pudo hablar con Jesús ya que no la atendió, ¿pudo llamar a sus hermanas menos a mí que soy la mamá?, ¿qué pretendían, llevarse a Diego Alejandro sin yo enterarme?

Muy molesta y angustiada, Sophia se retira del colegio sin mencionar nada y se traslada a la clínica de su confianza, allí examinan al niño y lo consiguen bien, sólo le recomiendan que lo observe y le dan reposo. Ya en casa, Diego Alejandro empieza a animarse no mostrando ninguna molestia o malestar. 5 horas después, llega Jesús con Nelly, con la finalidad de saber de la salud del niño, sin embargo, ellos no la acompañaron a la clínica simplemente la dejaron al salir del colegio. Sophia les comenta lo que indicó el doctor, pero también le menciona a Jesús porque nunca la llamó a ella pero sí pudo llamar a sus hermanas, y es Nelly la que responde diciendo que él no tenía carro, y estaba angustiado buscando taxis.

Sophia, ya molesta por primera vez saca sus emociones. - Si pudo buscar taxis también pudo haberme llamado, que sea la última vez que en el colegio ocurra un hecho y yo no me entere, la mamá de Diego Alejandro soy yo.

Se retiran sin mayores palabras y esos días transcurren con normalidad.

El contacto de Jesús hacia Diego Alejandro es esporádico, lo llama o le escribe una vez a la semana, no tiene mayor comunicación con su hijo, existiendo un gran desapego tanto de él como de su núcleo familiar quien igualmente nunca contactan al niño. No hay apoyo de su parte en los traslados, Sophia debe ausentarse de su trabajo para buscar al pequeño en horas del medio día, se las ingenia para cumplir con su propio horario así como para que el niño llegue a tiempo al colegio, las veces que solicita a Jesús que lo busque, siempre genera una excusa de no poder por no contar con vehículo. Son Alex, Francisco y Alejandra, quienes ayudan a Sophia para trasladar al niño.

A los pocos meses pasa el siguiente incidente igualmente en el colegio. Al dejar Sophia a su hijo, le coloca una nota a la maestra indicándole que ella pasaría buscando a Diego Alejandro a la hora de la salida. A eso de las 11:30am, Sophia recibe una llamada del colegio, le dicen que Jesús solicita llevarse a su hijo, y que la llamada es para informarle a ella. Sin embargo, Jesús entendió que estaban contactando a Sophia para que ella autorizara la salida del niño con su padre. Sophia le indica a la maestra que sí, que se lo lleve.

En el camino llamó a Jesús quien no respondió, al llegar al colegio se da cuenta que el niño está aún allí, es decir, su papá nunca lo busco. Sophia no presta atención a eso, y decide retirarse, al salir se consigue a Jesús, y la coordinadora los invita a reunirse. Él expone que siente que le violentaron sus derechos como padre ya que no tienen por qué estar llamando a Sophia para que autorice la salida del niño con él, la maestra expone que no llamó para solicitar autorización, sino para informar, ya que Sophia le había indicado que ella solicitaba permiso en su trabajo para buscar al niño, y si alguien distinto lo iba a buscar por favor le informaran para ella no tener que trasladarse hasta la institución.

Sin embargo, Jesús solicita a la coordinadora que levanten un acta por lo ocurrido, en un lapso no mayor de 20 minutos él recibe las llamadas de Amapola, Nelly y Nadia, consternadas por lo ocurrido. ¿Qué conversaron? se desconoce, pero fue sorprendente cómo informó a su familia. La coordinadora le dice que es política del colegio notificar cuando alguien distinto al habitual retira al niño. Pero Jesús insistía en que se le vulneraron sus derechos. En presencia de la coordinadora, maestra, Sophia y la orientadora, Jesús muy molesto dice que él a principios del año escolar habló con la maestra para decirle que tuviese cuidado con Sophia, ya que es una persona peligrosa, conflictiva y tiene habilidades para conversar y manipular.

Solicita a la coordinadora que se presente un fiscal para que tome riendas en el asunto. Sophia indica que si eso se va a llevar a temas legales requerirá un abogado. A lo que le responde la coordinadora. - Es una situación que debe solventarse aquí mismo sin presencia de terceros.

Ya casi culminando la reunión aparece Nelly, entra, se sienta al lado de Jesús y dice que requiere se levanten los hechos ocurridos, que quede por escrito y pide ver la libreta de notas. Sophia reacciona, solicita su salida de allí ya que es un asunto entre los padres, que respete ese espacio. Nelly hace caso omiso, sin embargo la coordinadora la insta a irse no quedándole más que salir del lugar.

¿Cómo se puede interpretar el comportamiento de Jesús y de Nelly?, ¿qué tenía que hacer ella en esa reunión? Fue ese momento que terminó de definirle a Sophia que no había más solución que la separación. Adicional, Jesús hablaba de derechos, pero no cubría sus deberes como padre, aún estaba sin trabajo, no generaba aportes, no colaboraba con los cuidados del niño ni en el traslado, no demostraba el amor de padre, solamente los fines de semana cuando Amapola, Nelly y Nadia disponían de tiempo para verlo, si ellas no estaban Jesús no veía a su hijo.

LA INDAGACIÓN

Por parte de Sophia había desgaste, primero por haber un debacle de ese plan de vida que ella había proyectado, o que le habían inculcado que debía tener. Por otro lado, el contenido de los mensajes, la descarga emocional que los mismos le estaban generando, que a pesar de ser psicólogo no lograba manejarlos. Eso hizo que Sophia iniciara su odisea de búsqueda de información y de respuestas a sus interrogantes. ¿Por qué ocurrió todo esto, nunca me di cuenta de cómo era el hombre del que me enamore ni de su familia? ¿Por qué existiendo tantos hombres, tuve que unirme a él?

Lo primero que hizo fue acudir a sus contactos más cercanos en el área de la psicología, llama a sus amigas de la universidad quienes no se impresionaron al escuchar su historia, habían conocido a Jesús y su personalidad nunca les agradó pero respetaron esa decisión. Cada una de ellas le dio luz a esas preguntas.

Elizabeth, psicólogo clínico, que al enterarse de toda la historia pudo sacar un perfil de cada miembro de la familia, ella le brindó herramientas para entender la salud mental de Jesús y su familia, primero le recomienda no confrontarlo desde ningún ángulo, ya que él tiende a distorsionar la realidad y todo lo que Sophia haga o deje de hacer será mal visto por él, cualquier acto, palabra o acción que ella genere nunca estará bien, que comprenda que él vive en un entorno disfuncional, con una madre castigadora, castradora, hipocondríaca, sus defectos como madre los reflejará en sus hijos, aparte de ser manipuladora y controladora.

Y una hermana que cubre su necesidad de madre frustrada a través del cuidado de Jesús, quien justificará todas sus fallas, cubrirá todas sus exigencias, a fin de darle a entender que sin ella él no puede vivir. Le sugirió igualmente vigilar las actitudes del niño, luego de que pase tiempo con su papá. No es una familia sana para él, pero debe contar con herramientas desde pequeño para que pueda ir entendiendo cómo son. Reforzar en él la seguridad en sí mismo, toma de decisiones, manejo de límites, entre otros.

Su amiga Isabella, psicólogo infantil, quien le dio herramientas para el manejo de esa situación con el niño, indicándole que le explicara al pequeño que el papá lo quiere mucho pero estará viviendo con la abuelita, sin embargo, siempre estará cerca y pendiente de él, que nunca generara discusión, o hablara mal del padre frente al niño, porque no era sano, aparte de que en ella generaría más rencor que otra cosa. Pero que estuviese al pendiente de las conductas del pequeño al regresar de las salidas con Jesús, ya que por ser una familia controladora desearán hacer con Diego Alejandro lo mismo que con Jesús, restarle autonomía, individualidad y sobreprotección, amoldarlo a lo que ellas desean, invalidarlo como persona disminuyendo su capacidad de tomar decisiones como ha ocurrido con Jesús.

Y por último Saiderith, psicólogo industrial, ella dejó una huella clave, al conversar, Sophia le comenta que a pesar de todo lo ocurrido no extraña a Jesús, y no entiende por qué de esto, ya que debería sentirse devastada por haberse roto su familia. A lo que la amiga responde.

- Pienso que has cubierto todas tus metas, estudiar, trabajar, adquirir bienes, casarte y tener un hijo, eran tus objetivos más puntuales, al ya tener eso siendo tu hijo tú mayor logro ya no necesitas a Jesús. Cumpliste con lo socialmente esperado por la sociedad y por ti. Esto último le impacto a Sophia, reaccionando y dándose cuenta que era verdad. Inconscientemente su mente bloqueo todos los defectos, problemas y situaciones asociadas a Jesús, al final, su norte era casarse.

Su cuñada Yuliana, quien mejor que ella para orientarla, habiendo conocido muy de cerca a Jesús pudo indicarle que las cosas pasan por alguna razón pero que definitivamente ella había notado que algo no funcionaba en la relación, que él tenía actitudes que no correspondían a una persona normalmente sana, conductas que evidenció desde el noviazgo pero que no comentó nada dada la personalidad de Sophia, sin embargo, este es el momento para crecer como persona y mamá.

Tanto Stephany como Caroline, fueron de gran apoyo para Sophia, quienes le brindaron la mano para entender todo ese mundo en el que se encontraba, indicándoles que aunque aceptaron a Jesús, comprendían que tenía una personalidad difícil y muchas veces arrogante, pero desconocían lo que existía dentro de él y menos lo que pasaba en la relación de ellos.

Al analizar todas esas cosas, Sophia le dio la razón a cada una de ellas, todo era cierto, así como también entender que aunque cumplió con todas las reglas esperadas nunca había sido feliz, ni antes ni durante la existencia de Jesús.

Pero seguían surgiendo interrogantes nuevas, ¿cómo siendo psicólogo no se dio cuenta de la personalidad de Jesús? la forma en que la trataba siendo novios, muchas veces la invalidaba, no reconocía sus logros, siempre resaltaba lo negativo, nunca tuvieron espacios de recreación, toda su relación fue basada en aspectos negativos hasta ahora, ¿qué hizo que ellos dos se unieran?, ¿cómo Sophia se mantuvo en esa relación sin tener mayor acercamiento con la familia de Jesús?

Continuo buscando respuestas, entre tanto ir y venir, se consigue un anuncio en una cartelera de una Iglesia de orientación hacia parejas, actividades familiares, entre otras, llama al teléfono y le atiende una persona llamada Ángel. Muy propicio ese nombre.

Hacen una cita para un jueves en la tarde, momento en que ambos podían verse. Al reunirse con Ángel, le indica que es teólogo y filósofo, que lleva mucho tiempo trabajando en la iglesia. Sophia procede a contarle su historia a lo que él responde que ha escuchado muchas cosas pero que esto era sorprendente. Comenzó a darle la explicación de la relación de pareja desde la óptica religiosa.

- Las parejas se unen por alguna razón correcta o incorrecta, hay algo que hace que se conecten en el mundo, algunas relaciones perduran otras no. Lo importante es que tú Sophia logres entender que se unieron para traer a un ser maravilloso llamado Diego Alejandro, el resto es añadidura, problemas y conflictos van a existir, el niño irá creciendo en dos entornos y solo él podrá determinar cuál es sano y cuál no, sin embargo, ese discernimiento lo irá haciendo si cuenta con las bases sanas de madurez, independencia, seguridad, pero sobre todo amor. La familia de Jesús vive en dos mundo así como creen en Dios creen en la maldad, se inclinarán hacia uno u otro lado dependiendo de lo que les convenga, solo ellos o solo Jesús podrá salir de ese mundo si así lo quiere, tú no puedes hacer nada para que cambien o entiendan la realidad que tú y yo vemos, solamente ellos pueden hacerlo cuando su corazón y su mente estén dispuestos a ver. Pide mucho por ellos, que le llegue la luz sobre todo a Jesús, para que pueda reaccionar y entender que perdió su propia familia, que no hay un culpable, si no responsables de lo ocurrido. Por tu parte, establece nuevos objetivos, metas personales, profesionales, lo que quieres hacer, lo que no quieres hacer y a dónde quieres ir. Eso te dará luces de un nuevo rumbo al lado de tu hijo, sin olvidar que Jesús existe en la vida de ambos.

Ésta conversación le dio mucha tranquilidad a Sophia, durante varios días se focalizó a escribir lo que pensaba, poner en frío sus emociones hacia aquel núcleo familiar, ello le permitió entender que su foco de molestia no era hacia Jesús, sino hacia Amapola y Nelly, sin embargo no era rabia ni odio lo que sentía sino más bien decepción. Estableció todo su proyecto de vida nuevo, dejando a un lado las interrogantes y focalizándose a lo que quería, cosas como por ejemplo: divorcio en condiciones armónicas donde los tres estén beneficiados, reactivarse laboralmente, viajar con su hijo fuera y dentro del país, pero sobre todo retornar al apartamento, ya que solo iba los fines de semana pero no se quedaba de forma permanente, allí decide estabilizarse en su hogar con su hijo y disfrutar de su nueva etapa.

En los próximos días seria la Semana Santa, aunque el país está estable siempre queda la zozobra de que se pueda activar algo político en algún momento, por lo que Sophia decide no viajar para la época. En esos días pasa cerca de una plaza y escucha que el párroco estará confesando el día siguiente a partir de las 6pm, sin embargo, no presta mayor atención.

En la mañana siguiente ella sale temprano a realizar varias compras, pasa por la iglesia observando que había mucha gente, unos en preparativos para la semana, otros organizando los cantos y unos sentados esperando turno para confesarse. Sophia ve y decide sentarse, ya llevaba media hora, aún faltaban personas, empezó a sentir ganas de irse, una sensación de querer pararse y no continuar, pero en paralelo había otro impulso que hacía que se quedara. Llega su turno, el padre la saluda, y brevemente ella le comenta por qué está allí, hablándole de lo ocurrido con Jesús y su familia, el evento relacionado con las moscas, las amenazas de Amapola, la ausencia y mensajes negativos por parte de Jesús.

El padre escuchando eso, le indica.

- Hija, Jesús es un inmaduro que no ha roto el cordón umbilical con su madre el cual la hermana ha hecho extensivo hacia ella convirtiéndose en Wendy la de Peter Pan, no dudo que la madre más de una vez haya visitado brujos, mantén tu fe en Dios, estás aquí por alguna razón, abre tu corazón, perdona y acepta, eso te dará tranquilidad. No eres responsable de la vida ni de la felicidad de nadie, solo de la tuya y de tu pequeño hasta que él sea grande y escoja su propio camino, con las herramientas que le des desde ahora.

Le dice que retorne el martes y con gusto él puede visitar la casa de Sophia para bendecirla. Que perdone y no se llene de rencor ya que al final son la familia del niño.

Guao, que sensación de paz siente Sophia al salir de allí, intrigada por lo de Peter Pan, comienza a indagar buscando información por Internet, se consigue con los personajes Wendy y Peter Pan, y ciertos análisis que le han hecho a los personajes.

Por un lado Peter Pan, el niño que nunca quiso crecer, madurar, sin límites, sin reglas a seguir más allá que las propias, para quien todo era una diversión, no asumiendo responsabilidades ni compromisos. Éste personaje es Jesús, a pesar de sus 40 años, nunca ha tenido un empleo estable, miedo a asumir responsabilidades, se quedó anclado en la época de la adolescencia, amigos, fiestas, actividades, cosa que sacaba a relucir en cada conversación, amistades que hoy en día no existen realmente ya que cada uno hizo su vida. Tanto así que nombra como padrino de bodas al mejor amigo de bachillerato pero al que tenía años sin ver y al que conoce Sophia justo el día de la boda y no volvió a ver más nunca. Jesús no tiene bienes por miedo a no poder pagar las deudas o créditos, siempre ha sido la hermana quien ha cubierto sus necesidades.

Es aquí que aparece Wendy, siendo niña asume el rol de mamá en la película, la que establece las reglas, da órdenes, teniendo que hacer actividades que son para adultos, la que dirige, pero también justifica las conductas de Peter Pan. No es más que Nelly en esta historia, la que controla a Jesús, tapa todas sus fallas, cubre todas sus necesidades. Es precisamente esta lectura la que hace a Sophia entender porque se une a Jesús, ella viene a sustituir el rol de Nelly pero como esposa, se da cuenta que son muy parecidas, ya que durante toda la relación con Jesús de novios y de esposos, siempre justificó sus comportamientos, al quedarse sin empleo cubría ciertos gastos de él, cuando intentó abrir un negocio de celulares, Sophia pagó las cuotas de alquiler sin recibir el retorno de ese dinero, buscaba ocultar las acciones de él, pero a su vez sumisa sin generar mayores conflictos a fin de evitar molestias en Jesús. Sophia por primera vez se da cuenta que es codependiente emocional. Vivía y respiraba a través de la vida de Jesús, al extremo de perder su individualidad, sin amigos, sin vida social, todo giraba en torno al él.

Jesús se une a ella porque tiene rasgos de su hermana, la persona que como esposa lo va a sobreproteger, cuidar, salvar y siendo psicólogo entendería más su situación emocional. El universo conspiró para que estas dos vidas se encontraran y se unieran dos disfuncionalidades. Uno con necesidad de protección y cuidado, otra con necesidad de proteger, cuidar y ayudar.

¿Cuántas historias en la vida hay así? ¿Cómo siendo psicólogo no se da cuenta que es codependiente no siendo esto nuevo en el mundo?

Comienza a indagar sobre la codependencia emocional, tratando de entender por qué ella es así, leyendo mucho comienza a definir que ser codependiente representa perderse uno mismo y fusionarse con el otro, sin establecer límites, desavalorizarse, y pensar que puede rescatar o solventar los problemas de los seres queridos, aunque estos no quieran la ayuda.

Así es Sophia en pocas palabras, al identificarse con el término, logra encontrar un grupo por Internet llamado codependientes anónimos, integrados por personas que son o fueron así, este nuevo descubrimiento le permitirá a Sophia enrumbar su vida, sus emociones, sus acciones, entendiendo que no puede controlar a nadie, que no es responsable de los problemas de los demás y mucho menos que las emociones del otro controlen las suyas, que ante los problemas lo mejor es dejarlos fluir, y que definitivamente todo tiene su momento, y aunque al principio Sophia se sintió muy mal, inclusive hasta culpable, pensando en si hubiese hecho esto u otra cosa, hoy en día entiende que ocurrió lo que debía ocurrir, que su mayor bendición hoy en día es su hijo. Que el hecho acontecido aquel 24 de diciembre donde no apoyó a Jesús era necesario que pasara para que todo lo que hasta ahora haya ocurrido le permitiera a Sophia salir de ese mundo en el que estaba encerrada y del cual aún no se había percatado.

Un año completo en estos descubrimientos, sin dejar a un lado a su familia, con ellos también conversó, cada uno le dio su punto de vista coincidiendo muchos en que aunque Jesús nunca fue del agrado de todos por su personalidad de autosuficiencia, egocentrismo y dárselas de millonario, saben que en el fondo hay un buen corazón y recordaron que entre las reuniones familiares donde el estaba presente, había un agradable compartir y charlas de distinta índole pero la manipulación por parte de su hermana y madre quienes asumieron el control de su vida ganaba esta batalla.

Todos estos eventos le han permitido a Sophia crecer como persona y profesional, sin embargo, también hay ciertas inquietudes que surgían a la par, las cuales estaban relacionadas con las amenazas recibidas por Amapola de quitarle al niño. Esto llevó a Sophia a otra búsqueda de información, contactar abogados que la orientaran en qué hacer considerando que Amapola trabaja en la corte y Nelly en un prestigioso bufete, esto intimida a cualquiera que desconoce sobre leyes y más aún cuando se siente vulnerado el rol de madre. ¿Cuántos sitios ha visitado Sophia?, perdió la cuenta, pero de todos ha obtenido respuestas.

AL DESCUBIERTO

Después de saber y haber leído tanto, Sophia estando en casa se entera que su hermana estaba saliendo ese día de viaje por trabajo. Josefin estando en un café esperando mesa para desayunar comienza a conversar con una señora (Jane) quien estaba justo a su lado, la conversación fue tan amena que decidieron compartir la misma mesa, entre uno y otro tema llegan a un punto en común, Jesús y su familia, coincidencialmente Jane los conoce ya que durante muchos años vivió en la misma zona que ellos, perdiendo el contacto cuando se mudó a otra ciudad. Josefin indagando un poco más logra descubrir que tanto Amapola como Diuna no son tan santas como parecen, son personas que creen en brujería y han asistido a varios sitios solicitando ayuda para dañar a Sophia.

Jane le comenta que conoció a Amapola hace mucho tiempo, cuando recién se había casado con Darío, eran vecinas en la misma urbanización, durante los primeros años de matrimonio y antes de que nacieran sus hijos, Amapola se sentía muy sola debido a que Darío trabajaba y en ocasiones fuera de la ciudad lo que hacía que durara días lejos de casa.

Amapola, apenas adaptándose al ritmo de la ciudad comenzó a conocer a los vecinos cercanos entre ellos a Jane, iniciaron una amistad agradable, poco a poco Amapola fue aprendiendo sobre los quehaceres del hogar entre ellos cocinar gracias al apoyo recibido por Jane. En una de esas tardes de visita, Amapola comenta que siente que su esposo no es totalmente sincero ya que le ha conseguido en varias oportunidades la ropa con pintura de mujer, eso la tiene mal y triste y no quiere perder su hogar más aún porque están esperando a un bebé (Jesús). Jane la aconseja que converse con Darío, que son muy jóvenes y no deben dejarse llevar por situaciones no corroboradas.

Escuchando los consejos, pasan los días y semanas, en una tarde Jane iba pasando por la cuadra de otra vecina cuando sorpresivamente ve a Amapola entrando a la casa de Lucía, ella no era una vecina aceptada, se decía que leía el tabaco y las cartas. Le pareció extraño ver a Amapola allí considerando que siempre había dicho que era muy católica. Esas escenas las vio Jane en varias oportunidades, en algunos momentos asistía Amapola sola pero en otros iba con Diuna.

En una oportunidad, Jane estaba comprando en el super market cuando escucha una voz conocida diciendo.

- Esta noche haré la prueba con Darío, es la única manera que tengo para retenerlo, se sorprendió al darse cuenta que era Amapola conversando con Diuna. Estaban en el área de hierbas y vegetales comprando alimentos inusuales.

- Así como esos eventos, pude evidenciar situaciones similares a lo largo del tiempo, al igual que la presencia de malestares constantes en los distintos miembros de la familia de Amapola, sobre todo con Jesús y Nelly, desde la adolescencia han sufrido de problemas estomacales, dolores de cabeza inclusive depresiones, lo que ha implicado salidas a la clínica de forma recurrente en horas de la noche.

Josefin muy sorprendida con lo que está escuchando, le dice a Jane.

- Pienso que hay otra cosa detrás de esos malestares, pero me sorprende mucho el hecho de saber que una persona tan apegada a Dios haya estado en esas actividades que mencionas. ¿Será que de verdad Amapola está en acciones irregulares y de alguna forma eso ha afectado a sus hijos?. Voy a comentarle a Sophia, sobre todo esto que hemos conversado.

Al día siguiente Josefin se comunica con Sophia, y le cuenta lo ocurrido, eso la altera más, ya que considera que puede haber eventos que ocurran en esa casa o que ocurrieron que pueden afectar al niño.

Es así como inicia otra búsqueda de información por parte de Sophia, ¿cómo hacer para indagar sobre ese pasado de Amapola?, considerando que no tenía acceso a la familia de Jesús dada la serie de eventos que se han presentado, no tenía referencia de amistades o personas que pudiese contactar. ¿Por dónde iniciar la búsqueda?

Empieza contactando a Jane para que le dé mayor referencia de Lucía. Jane le comenta que Lucía dejó la zona hace aproximadamente 20 años, a pesar de que era una vecina, no solía socializar con las personas del sector.

- Te puedo indicar que en casa de Lucía habían muchas imágenes religiosas, velas que encendía a diversas horas del día, lecturas relacionadas con tratamientos para diversos síntomas, era las cosas que observaba las pocas veces que la visitaba. Sin embargo, puedo ubicarte en dónde está esa casa para que chequees si los dueños tienen cómo contactar a Lucía.

Así fue, al día siguiente a media mañana, cuando Amapola y su familia están trabajando, Sophia llega a la antigua casa de Lucía, estaba muy nerviosa temiendo a que Jesús la pudiese ver allí. Toca la puerta, y luego de unos minutos escucha una voz que pregunta quién es, Sophia le comenta que está allí para tener información de una persona que vivió en esa casa años atrás con la cual necesita conversar. Se abre la puerta, y es una señora alta, delgada, con ojos cafés quien muy amable se presenta y le pregunta a quién desea ubicar.

- Buenos días señora mi nombre es Sophia, y tengo entendido que aquí vivió Lucía, y necesito saber si tiene manera de poder ubicarla o si la conoce.

- Adelante hija, sí la conozco es la madre de mi esposo, pero ella vive a 2 horas de aquí, ¿por qué la busca?.

- Estoy haciendo una investigación sobre la historia de vida de la urbanización, y ando buscando referencia de las personas que vivieron aquí hace más de 30 años, si puede apoyarme se lo agradecería.

Sophia obtuvo el teléfono y la dirección de Lucía, sale corriendo de la casa para evitar que alguien la pueda ver, sube a su automóvil, recorre escasas 5 cuadras, se detiene y decide llamar. Esperando escuchar a Lucía, luego de sonar varias veces el teléfono, le contestan la llamada.

- Aló, ¿quién llama?.

- Buenos días, ¿hablo con la señora Lucía?.

Del otro lado responden. - Si, soy yo.

- Le habla Sophia, la esposa de su hijo me dio su número de teléfono, la llamo porque estoy haciendo una investigación y usted podría ayudarme mucho con la misma. ¿Qué posibilidad hay que me atienda, puedo acercarme a su casa o vernos en algún otro lugar?.

- Estoy algo sorprendida, investigación de qué, no entiendo, pero si es conocida de mi hijo, le indico mi dirección.

Sin pensarlo mucho, Sophia decide en ese momento dirigirse a casa de Lucía, previo llama a Alejandra para comentarle que le apoye con el cuidado del niño después de que salga del colegio debido a que estaría fuera de la ciudad.

-Te cuento luego mamá.

Es así como toma la carretera principal rumbo a la casa de Lucía, quien vivía en un poblado muy pintoresco por la cultura del lugar, lleno de mucha vegetación, así como de estructuras y estatuas históricas propias de la zona. Aunque no había viajado a ese lugar desde que era niña, logra ubicar la dirección de Lucía, tenía mucha ansiedad, nervios y expectativas por no saber qué podía encontrar en esa conversación.

Se estaciona frente a un jardín lleno de muchas hierbas y flores de diversos colores, toca la puerta, sentía que el corazón le latía muy fuerte, las manos algo temblorosas y sudorosas, pero esperanzada. Abre la puerta Lucía, quien estaba vestida con una batola larga que cubría todo su cuerpo, apenas se le veían los pies, la cabeza cubierta con una pañoleta negra con decoraciones de cruces rojas y rosas que impactaban la mirada.

Invita a Sophia a pasar, a sentarse en un sillón de color violeta el cual estaba ubicado en una sala, en la misma habían imágenes religiosas, un altar recubierto de flores con velones de diversos tamaños y colores, produciendo un ambiente caluroso. Es allí donde Lucía le indica que hay una sensación extraña en el ambiente desde que Sophia entró, y sabe que está en la búsqueda de algo que tiene que ver con un pasado. Al escuchar esas palabras, Sophia sentía una sofocación en su respiración así como mayor aceleración de su corazón, pero le dice.

- Estoy aquí porque quiero conocer sobre el pasado de Amapola, ella vivía cerca de su casa, yo soy la esposa de su hijo y necesito entender muchas cosas.

- Amapola…. tiempo sin saber de ella, la recuerdo muy bien, una dama de sociedad muy educada, cuyos gustos se iban refinando a medida que iba integrándose a la élite de la ciudad, pero una mujer muy insegura, cautelosa y maliciosa en el fondo. ¿Qué quieres saber?. Preguntó.

Comienza Sophia con el relato de su historia desde que conoció a Jesús, una conversación larga, pero que enganchaba a Lucía, quien después de escuchar el relato le comenta.

- Estás en un mundo lleno de mucha oscuridad, el pasado de Amapola y su familia no es agradable recordarlo. Ella llega a mi casa estando embarazada de su primer hijo. Muy angustiada me comenta que necesita hacer algo para retener a su esposo ya que ha descubierto infidelidades, que no quería perderlo y menos quedar divorciada ya que eso disminuiría su imagen.

- Es así como comienza a visitarme, le empezó a interesar lo que yo hacía en aquel momento. Como habrás visto, trabajo con ciencias ocultas, rituales y oraciones, sin embargo, siempre busco hacer el bien. Amapola comenzó a involucrarse en esta área, leyendo, buscando información así como comprando los implementos que necesitábamos para los trabajos. En un principio, yo le recomendaba actividades para retener a su esposo, pociones para incorporarlas en los alimentos y bebidas de él, ella tenía mucha confianza en los resultados. Ya a los años se había convertido en una experta, en el dominio de esta área, tanto así que comenzó a entrenar a su hermana, poco a poco se fue alejando de mi casa, cada día la veía menos, hasta que un día decido visitarla para conocer qué pasaba y del porqué de su alejamiento. Muy sorprendida, cuando entro y consigo una casa muy distinta a la original, ella estaba sola en la cocina, me comenta que estaba preparando la comida de sus hijos, quienes ya eran unos adolescentes, por unos instantes se aleja del área, me dice que va al cuarto que está detrás de la casa a buscar unas cosas que necesitaba. Yo ubico la silla, me siento y veo unos frascos muy pequeños, al leerlos me doy cuenta que el contenido es un líquido que al ser mal empleado genera envenenamiento al colocarse en la comida, pero en porciones mínimas no pueden ser detectados en exámenes de laboratorio, pero su efecto al tiempo genera en quien lo consume constantes molestias estomacales, dolores de cabeza y alteración en las emociones. No podía creer lo que veía, no podía creer que ella estaba haciendo uso de eso para su propia familia, en qué momento perdió las enseñanzas para emplearlas de forma negativa.

Sophia, estaba en shock, un gran temor sintió por todo su cuerpo, al escuchar aquellas palabras que emitía Lucía. Allí pudo conocer que era la propia madre de Jesús la causante de todas esas alteraciones de salud, por ello nunca los especialistas daban con la causa de esas molestias. ¿Qué hacer ahora con esa información?

Lucía seguía contando.

- No solo eso era sorprendente, sino también ver los velones en las diversas áreas de la sala, que componen un cuadrante en forma de cruz, sus hijos estaban pequeños y presenciaban esas cosas, pero más aún les enfundaba temor diciéndoles que habían cosas que la familia debía mantener en secreto para que los demás no les hagan daño, lo que generaba miedo en los pequeños. Es allí donde me doy cuenta que Amapola enmascara su fe, necesitaba proyectar ante los demás que era muy católica y creyente de Dios, por ello su casa siempre estaba decorada con imágenes de Jesucristo. Tanto así que a su primer hijo lo llama Jesús.

- Es un resumen Sophia, de lo que puedo contarte sobre Amapola y su familia, al tiempo me mudé y no supe más nada de ellos, pero estando tú aquí sé que continúan en lo mismo, sin establecer límites en sus acciones.

Sophia, no sabía qué hacer, lo que había escuchado le aclaraba muchas dudas, pero que le generaban otras, sobre todo teniendo un hijo que visitaba esa casa el cual estaba propenso a pasar por lo mismo, de ser verdad la historia de Lucía.

Ya entrada la noche, Sophia retorna a su casa, fue un viaje que se hizo largo, llega a eso de las 11 de la noche, se dirige al cuarto de Diego Alejandro, abrazándolo, besándolo y aferrándose a él.

Sin saber qué hacer, a los días decide irse a la iglesia donde en una oportunidad se confesó, necesitaba hablar con alguien que entendiera ese mundo en el que estaba involucrada. Al ver al Padre, éste la recuerda. Sophia le comenta lo que sucede. El Padre le indica que debe buscar la manera de desenmascarar a Amapola delante de sus hijos.

Camino a su casa, decide llamar a Lucía y pedirle apoyo para descubrir a Amapola, es así como un sábado a las 5 de la mañana, Sophia despierta, en casa de sus padres, ya que le había solicitado a Alejandra que cuidara a Diego Alejandro ese día. Ya Sophia había conversado con todos poniéndolos al día del asunto, y estaban abrumados con la historia, también deseosos de que todo se destapara.

Solo con un café de desayuno y las ansias de ver qué ocurriría, sube a su vehículo rumbo a la casa de Lucía otra vez, en menos de 2 horas ya estaba allí, sin perder mucho tiempo, retorna a la ciudad junto con Lucia, sabía que en casa de Amapola estarían todas limpiando como de costumbre, más aun considerando que Jesús no le había solicitado pasar ese día con el niño.

Desde la avenida principal se puede visualizar la casa de Amapola, Sophia notó que estaban allí los vehículos estacionados. Llegan a la urbanización, y Lucía le indica que la deje en casa de su hijo (su antigua casa) a la que no había regresado desde que ella se mudó, formaba parte de sus creencias, que no era de buen augurio pisar algún lugar del cual ya se había decidido marcharse definitivamente, por eso ella nunca visitaba ese espacio.

Efectivamente no entró, continuó caminando hasta que se encontró frente a la casa de Amapola, para su sorpresa, Amapola estaba afuera barriendo el jardín, cuando ambas se ven la reacción de ella fue de molestia, desagrado pero también de mucho temor, no le dirigió ninguna palabra, solo tomó su escoba y procedió entrar a la casa, en eso escucha.

- Hola Amapola, gusto en verte, espero tus hijos estén bien y el pequeño Jesús ya sea un hombre exitoso

Amapola siguió caminando pero no se percató que Nelly y Jesús estaban cerca del portón principal, recordaban a esa señora que era muy amiga de su mamá y de la cual aprendió mucho. Nelly sale de la casa, no podía esperarse algo diferente dado su orientación a ser gentil, es así como la saluda e invita a entrar. Lucía pasa, seguida de Amapola y sus hijos, se sienta en una silla que estaba en la sala de visitas.

Nelly inicia una conversación algo trivial, preguntando cosas típicas sobre lo que Lucía había hecho en esos años donde perdieron el contacto. Duraron aproximadamente una hora, no existiendo mayor comunicación por parte de Amapola. Transcurrido un rato, Nadia le comenta a Jesús que ya era casi la hora del almuerzo, por lo que debían llegar a la tienda de planchado antes de que cerrara, Nelly al escuchar eso, les señala que ella también requiere salir, y aprovecharía de irse con ellos.

Los hijos se van, y es allí donde Amapola le pide a Lucía que se retire de su casa, ya que su presencia no es agradable recalcándole, que por favor el pasado quede guardado. Lucía solo le comenta que estaba allí de visita, ya que había decidido pasar parte del día con su hijo. Cosa que Amapola no creyó, conocía las reglas de lucia y sus creencias.

Lucía le comenta que está en esa casa porque una fuerza más allá de ella la llevó hasta allí, que siempre tuvo muchas dudas sobre lo que habría pasado con Amapola y su familia, luego de que se distanciaron.

En eso suena el teléfono de la casa, Amapola se retira a atenderlo, y es allí donde Lucía comienza a observar lo que había alrededor, una casa oscura, lúgubre, con una energía negativa que se percibía en el ambiente, se levanta de la silla acercándose a una pequeña biblioteca que estaba allí, ve los títulos de los libros, nada que le llamara la atención, pero al observar el último peldaño ve una foto del matrimonio de Jesús y Sophia, junto a un velón negro apagado, una nota escrita en un lenguaje desconocido, cerca ve unos frascos pequeños, para su impresión, eran los mismos que existieron alguna vez en su casa. Escucha que Amapola sigue hablando, así que decide tomar uno, lo destapa y al oler el contenido se recuerda que era aquel mismo líquido que generaba malestares, lo que implica que Amapola nunca se ha separado de esas actividades oscuras.

Amapola había colgado el teléfono, y observando en la puerta de la sala, le dice a Lucía - ¿Por qué tu cara de sorpresa?, al final fuiste tú quien me enseñó todo lo que sé desde los brebajes hasta las oraciones, por eso no entiendo tu expresión. Efectivamente sigo en mis actividades, mis hijos no tienen idea, pero todo lo que he hecho ha permitido que ellos sigan a mi lado, ninguno se ha ido, Jesús fue el que intentó hacerlo pero no le dio resultado, todos saben que conmigo estarán mejor, más que con cualquier otra persona, son mis hijos, son míos, me pertenecen y estarán a mi lado el resto de sus vidas; fui perfeccionando lo que aprendí de ti, tanto mi hermana como yo nos convertimos en expertas y hemos logrado mucho en nuestros hogares con estos preparados, tanto así que hasta el mismo Darío, quien después de muchos años de separados, decide casarse, sin embargo, sigue en este hogar, está a nuestro lado todos los fines de semana, dejando sola a esa mujer con la que ha intentado tener una vida, pero no será posible, sino lo logró conmigo no lo hará con nadie más.

Lucía veía un rostro de maldad, la cual se iba incrementando a medida que hablaba, lo único que le dijo fue.

- En esta vida todo lo que se hace se devuelve tanto lo bueno como lo malo, no quiero creer que sigues usando el contenido de esos frascos en tus propios hijos. Amapola sonríe con ironía.

- Los uso solo cuando mis hijos se desorientan, saben que sus malestares mejoran   estando conmigo, hace tiempo dejé de colocarlo en sus comidas, me tocó hacerlo con Jesús, decidió casarse a pesar que siempre les hice saber que el matrimonio es malo y dañino, pero no me escuchó, estaba alejándose de mí y desorientado, la única manera de retenerlo era hacerlo sentir así y que pensara que era esa mujer Sophia la que estaba causándole daño. Él regreso a su hogar y los malestares desaparecieron, Jesús está convencido que era su esposa la causante de todos sus males.

- Me siento liberada al decir todo esto, solo con mi hermana puedo conversar sobre estos temas cuando ninguno de mis hijos está cerca, ella me ha ayudado mucho, fue la que generó ciertas cosas en el apartamento que ellos compraron, una invasión de moscas, ese día le quitamos las llaves a Jesús sin que se percatara ya que en la noche le había dado su medicamento el cual suele doparlo, yo me quede con él mientras ella se encargaba de hacer ese trabajo, el cual dio excelentes resultados. Viniste a verme y no creo en las casualidades, alguna intención tendrás, pero no me importa, no quiero verte otra vez, te superé como alumna, y ya no necesito de tu presencia, así que retírate antes que ellos regresen.

Lucía se dirigió a la entrada principal, dijo unas oraciones en latín, Amapola escucha y cierra la puerta. Lucía se va caminando hasta salir de la urbanización, se encuentra con Sophia quien estaba a la expectativa de lo ocurrido dentro del carro, ambas se van a un parque a unos 10 minutos del lugar, durante el camino Lucía no emitió ningún tipo de comentario, estaba en meditación, al llegar al estacionamiento, le indica.

- Sophia, no hay nada que decir, sólo escucha por ti misma lo ocurrido en esta grabación.

Fue una media hora llena de tensión, de mezcla de emociones por parte de Sophia, escuchar todo eso, el haber pertenecido a una familia sin conocerla, cómo alguien puede hacer algo así, cómo una madre puede destruir la vida de sus hijos. Lucía le pregunta ¿y ahora qué vas hacer?.

A Sophia no le salían las palabras, las mismas se convertían en llanto, descubrir todas las cosas que habían estado pasando tanto en su vida como alrededor de Jesús, ¿cómo vivir con tantas emociones?; guardó la grabación, ambas se dirigieron a la carretera principal, Lucía retornaba a su hogar, y Sophia a casa de sus padres.

Llega a su casa, abraza a su pequeño espera a que él se duerma y empieza a contarle a todos lo ocurrido, con esa mezcla de información, definitivamente necesitaba hacer algo, entre tanto pensar y sabiendo que no tenía ningún tipo de acceso a la familia de Jesús, Josefin vía telefónica, le aconseja que recurra a la tecnología, y es así como descarga la grabación en su computadora, comienza a ubicar los distintos mecanismos que Nelly, Nadia y Jesús disponen, y les envía la grabación a cada uno de ellos tanto por correo como por teléfono, ya no le importaba que se dieran cuenta que ella formó parte de todo eso, al final lo que quería era que ellos escucharan la verdad.

Durante dos semanas, luego de ese mensaje, Sophia no supo nada de Jesús o su familia, no habían generado ningún tipo de contacto con Diego Alejandro, era difícil saber qué pasó, aunque no tenía información de ellos, se sentía tranquila y en paz consigo misma, con muchas dudas y reflexiones en su cabeza, cuestionándose algunas veces tratando de entender cómo pudo unirse a una familia sin darse cuenta de esa realidad, más aun teniendo la profesión que tenía.

Buscó no pensar en ellos, sino en reprogramar su vida, en pocas semanas estaría de vacaciones y estaba planificando qué hacer en esos días con Diego Alejandro. Estando en su oficina, suena su teléfono, al ver la pantalla se da cuenta que es Jesús, quien le comenta que le estará enviando un documento en los próximos días, pregunta por Diego Alejandro, le envía bendiciones y tranca la llamada.

A los tres días Sophia recibe un sobre en su oficina, muy ansiosa lo abre, no había tenido más contacto con Jesús desde esa llamada corta, al revisar el contenido encuentra una carta donde le indicaba que se había ido del País con Nelly, necesitaba alejarse de ese lugar, palabras muy cortas donde no manifestaba que había ocurrido en ese lapso de tiempo.

- Estaré al pendiente de mi hijo, pronto recibirás mi llamada para indicarte los días y horas en las que hablaré con él, junto a esta carta recibes un documento en el que te autorizo para tomar decisiones con respecto al niño, así como para sacarlo del país en caso que se presente alguna otra eventualidad política, cuídalo, gracias.

Ese día Sophia se retira de su oficina, impresionada por lo leído, saber que él estaba fuera del país le daba tranquilidad ya que esperaba no seguir recibiendo mensajes con insultos y ofensas. Así continúa con su vida, activándose para los trámites de divorcio ya que este aspecto no lo tocó Jesús, pero que era necesario cerrar, logra obtener una orden de restricción hacia Amapola, para que pueda tener contacto con Diego Alejandro, solamente con presencia de algún supervisor. Aunque Sophia podía generar mayores acciones incluso hasta la detención de Amapola, no quería tener más conflictos en su vida, con tenerla lejos de su hijo era más que suficiente para ella.

Amapola, sigue teniendo su corazón negro, no pierde oportunidad para amedrentar, amenazar o resaltar lo negativo de la gente. Sophia solo espera que algún día se den cuenta de los errores cometidos, y del daño que causó.

Jesús podía haber sido alguien distinto, y aún tiene la oportunidad, pero mientras esté bajo el yugo de hermana y mamá y no tenga la suficiente seguridad para descubrir su verdadera esencia.

LA REFLEXIÓN

Esta historia está basada en hechos reales, de dos personas que fueron envueltas por muchas situaciones que los impactaron desde su niñez, dos alteraciones que se unieron la codependencia emocional y el trastorno del pánico, unido a una familia disfuncional.

Sophia quien siempre buscó cumplir con las normas y designios que se le establecieron en su casa, tratando de ser perfecta en todo lo que hacía, reprimiendo sus emociones para no mostrar su vulnerabilidad creció creyendo que la felicidad se lograba si hacía las cosas como era de esperarse, estudiar, trabajar, casarse y tener hijos, tuvo que pasar por todo lo que vivió para darse cuenta que la misma se logra día a día, que alcanzar un sueño no es garantía para ser feliz. Estuvo muchos años en una relación donde se perdió a sí misma, idealizando lo que era tener una pareja, no establecer límites en la forma en que la trataba Jesús, no reconociendo las acciones buenas de las negativas.

Hoy en día piensa que su vida sería distinta sino hubiese conocido a Jesús, sin embargo entiende que si no era él sería otro con las características similares, necesitaba darse cuenta que es codependiente emocional, siendo un estado psicológico que la llevó a tener una necesidad excesiva de afectividad hacia el otro, vivió su vida alrededor del amor colocando a su pareja por encima de muchas cosas que fueron importante en su momento.

Es así como fue centrándose poco a poco en su relación de trabajo y luego de pareja, disminuyendo su círculo social hasta circunscribirse solo alrededor de Jesús, al cual idealizó sobrevalorando sus cualidades y obviando sus fallas, negándolas u ocultándolas, se volvió sumisa llevándola a complacerlo en extremo, anteponer las necesidades del otro a las propias, desde cubrirle sus requerimientos hasta tratar de sentirse el salvador o responsable de la vida de éste, teniendo una baja autoestima la cual no proyectaba ante los demás pero que en el fondo existía mucha inseguridad, dando de forma inconsciente el control de su vida a su pareja, quedando encerrada en un círculo vicioso manipulable, donde sobresalieron los sentimientos de culpas por no haber hecho las cosas como el otro esperaba, generando al final un desgaste mental, físico y emocional.

Sophia logra reconocer su codependencia debido a todo lo que vivió, consideró que el afecto de Jesús era el correcto, no tomando en cuenta el tipo de relación en la que estaba. El ser codependiente bloqueó sus sentidos, no reaccionando ante el entorno familiar que rodeaba a Jesús, no detectando las alteraciones psicológicas de él. Aunque le cuesta entender aún muchas cosas, está clara de que debía tener esas experiencias, sino hubiese formado una unión con Jesús, no existiría Diego Alejandro, quien se convirtió en su mayor regalo y hoy en día lo más importante que la ha pasado. Ahora solo espera contar con herramientas para aprender a ser la excelente mamá que él se merece tener, y así él poco a poco y medida que vaya creciendo va a ir entendiendo ambos núcleos familiares, es importante brindarle recursos para que pueda enfrentar las diversas situaciones que se le puedan presentar en la vida con su padre, incluso con toda la familia paterna que generó tanto daño.

Hacia ellos no hay sentimientos de odio ni de rencor, solo decepción, lástima y esperanza de que así como ella pudo ver muchas cosas, ellos puedan salir del mundo en el que se encuentran, pero solo lo lograrán con fe y con la disposición para entender.

Ahora la vida de Sophia gira entorno a ella y a su hijo, viendo la felicidad con cualquier cosa que pueda vivir, su vida fue Jesús por mucho tiempo, ya es momento de pensar en sí misma, en lo que desea y no en lo que quieren los demás que haga, su objetivo es criar a su hijo para que sea un ser sano físico y mentalmente, definitivamente feliz. Se puede dejar de ser codependiente, sin embargo, debe existir algún hecho que sea el activador en la persona de que algo no está funcionando, en Sophia ese hecho se presentó cuando no acompañó a Jesús ese 24 de diciembre a la clínica, fue esa situación la que le indicó a Jesús que ella no lo protegería como su mamá y hermanas, generando en él desprotección y activando el trastorno del pánico.

A Jesús, le tocó nacer en un hogar compuesto por una madre que infundió mucho temor en sus hijos, sobreprotegiendo, controlando, manipulando y con una distorsión de lo que significa la fe. Un Jesús que creció dependiendo del sexo femenino, el cual lo limitó a tomar decisiones, a no tener autocontrol ni menos para asumir compromisos, entendiendo que sin ellas él no podría subsistir, durante su niñez él no manifestó estados emocionales de ansiedad o pánico, la misma inicia justo al entrar a la universidad donde debe asumir sus responsabilidades y compromisos, fue en esa época donde comenzó a experimentar ataques repetitivos de intenso miedo de que algo malo va a ocurrir, sentir temor a estar solo o lejos de ayuda médica generándole síntomas como dolor torácico, ahogo o falta de aire al respirar, palpitaciones frecuentes y rápidas, sudoración, dificultad para la concentración así como disminución de la seguridad en sí mismo.

Con necesidad de sentirse protegido por su entorno cercano. Al no tratarse de manera adecuada con atención psicológica y psiquiátrica generó su invalidación, limitándose funcionalmente en sus distintos ámbitos como el trabajo, pareja, amigos así como para asumir compromisos. Buscará siempre sentirse protegido.

A Jesús no solo le tocó vivir con la experiencia del pánico, sino que está dentro de una familia cuyas características no le ayudan a salir de ese mundo, unas hermanas que durarán toda la vida girando alrededor de él, sin tener vida propia, encerradas en sí mismas. Una familia disfuncional, cuya trayectoria de vida no permitió la individualidad de ninguno de sus miembros.

Hoy en día Nelly se convirtió en la sombra de Jesús, nunca lo deja solo, toma decisiones por él y le indica cuándo actuar y cuándo no, siendo también codependiente emocional, aunado a una intensa necesidad de control, frustración por no ser madre y por ello cubre esa necesidad protegiendo a su hermano, a su vez es una persona obsesiva compulsiva por la limpieza (TOC) posee un trastorno de ansiedad que se caracteriza por pensamientos intrusivos recurrentes (obsesiones) y actos o conductas repetitivas (compulsiones) que realiza para evitar el malestar (ansiedad) que los pensamientos obsesivos le provocan.

En el caso de Nelly no hay día que ella no ejecute una acción relacionada con limpiar sus diversas áreas, ha sido una persona enfermiza a nivel estomacal y con cuadros depresivos expansivos, convirtiéndola en una persona con problemas emocionales, como miedos e inseguridad evitando salir de su casa lo más que pueda y de hacerlo genera diversas medidas de prevención, así como complejos; y síntomas psicofísicos como fatiga, estrés, insomnio, problemas en las articulaciones, alteración del apetito siendo una persona de casi 40 años con un metro cincuenta de estatura llegó a pesar 34 kilos, autodestrucción justificada por el cuidado de su entorno familiar. En ella hay una gran alteración afectiva, sobrevaloración del rol de madre y de la mujer, decepción y desvaloración del sexo masculino debido a lo que ha observado en su casa, un hermano dependiente y un padre que rompió con su patrón de figura proveedora de un hogar sano y estable. Hasta que

Nelly no evidencie u ocurra algún hecho que la haga reaccionar, su vida seguirá igual.

Amapola fue crucial en el desarrollo de su hogar, igual con trastorno obsesivo compulsivo, paranoia e inadecuado manejo de la fe, quien con su necesidad de control y protección no generó en sus hijos herramientas para ser seres independientes y seguros de sí mismos, la felicidad de ella gira en torno a que ellos permanezcan a su lado por el resto de su vida. Ahora ella vive sola, encerrada en su casa, con una enfermera que la vigila día a día. Nadia aún convive con ella, sin embargo, decidió realizar una remodelación total del hogar, ya esa casa no es la misma, entra la iluminación, no hay rastros de récipes, medicamentos ni nada similar. Sigue con su obsesión de comprar ropa de marcas renombradas, de mantener su estatus, la imagen para ella sigue siendo importante, manteniendo su rutina de vida alejada de los hombres, quien se encamina a quedarse como la tía Azucena, solterona.

La vida de Jesús y Sophia fueron afectadas desde que eran pequeños, sus familias de una u otra forma contribuyeron en lo que son hoy en día, lo importante de todo esto es entender que no hay familias ni personas perfectas, todos están propensos a tener alguna alteración física, psicológica o emocional, pero es necesario dar a los hijos herramientas para que vayan desarrollando su propio ser interior sin proyectar en ellos los deseos, limitantes o frustraciones de quienes los trajeron a este mundo, los padres son guías para el crecimiento no los dueños. Ningún ser humano es propiedad de nadie, solo hay que darle los instrumentos para que aprendan a volar y cuando lo hagan, tengan un vuelo tranquilo, y reforzar en ellos que la felicidad se obtiene todos los días.

Solo hay una vida, depende de cada uno elegir cómo vivirla, trabajar ahorita para tener el futuro que se desea, a fin de que no exista arrepentimiento o sentimientos de culpa por pensar en que se perdió el tiempo o los años y no se logró nada, aprovechar el presente y ser feliz.

Al conocer una pareja es importante tener claro los objetivos que se desean en una relación, conocerla y también a ese entorno familiar, sentirse tranquilo y seguro, y tener esas herramientas para identificar que si no hay tranquilidad en el noviazgo no será diferente en el matrimonio. La etapa de novios, aunque está enmarcada por la ilusión y el amor, es el abreboca de cómo será esa relación si se formaliza, nadie tiene el poder para cambiar a una persona, nadie es responsable de la vida ni de las acciones de los demás, ni mucho menos de asumir responsabilidades que no son propias. La felicidad de una persona no depende de otra, ni de cumplir con las pautas sociales por evitar comentarios ni menos de tratar de complacer a los demás, el ser feliz depende de sí mismo.

"El destino está en tus manos, lo que logres en el futuro depende de lo que construyas en el presente" Diaz, Jusagny.

Jusagny Diaz, nació en Venezuela, profesional de la psicología, egresada de una de las universidades más prestigiosas del País, la UCV. Magíster y especialista en la conducta humana.

Siempre tuvo el interés de escribir un libro, el cual permitiera dar respuesta a muchas interrogantes, y es a través de su búsqueda de información así como las diversas experiencias de vida de las personas que la autora conoce, que la llevaron a escribir su primera novela titulada:

Tu oscuridad: dos vidas, dos mundos, un destino.

El amor puede ser descrito de muchas maneras, es tan sutil o tan complejo como las personas deseen verlo, sin embargo, el mismo puede enceguecer cuando se combina con el miedo, la intriga, el pánico y los trastornos de quienes se encuentran involucrados. Ésta novela refleja la vida de dos personas que se vieron envueltas en un mundo lleno de oscuridad, que sin saberlo, cayeron en un círculo vicioso.

Los invito a dejarse cautivar por cada uno de los personajes, donde la realidad y la ficción muestran como la independencia e individualidad pueden perderse, dando paso a los designios de las familias, los patrones que impone la sociedad así como las alteraciones psicológicas y emocionales tienen un papel protagónico en la conducción de los destino de cada uno de ellos.

Recordemos que la felicidad esta dentro de nuestro ser.

Tu oscuridad: dos vidas, dos mundos, un destino.